JN014083

100の世界最新研究でわかった
人に好かれる最強の心理学

Naito Yoshihito
内藤誼人

青春出版社

はじめに

魅力を高めるのは、そんなに難しいことではありません。好感度の高い人間になるのも、実は、そんなに難しいことでもないのです。

あっ、今、「そんなのウソでしょ?」と思いましたよね。

ところが、これは本当のお話なのです。

本書では、だれでも簡単に魅力をアップできる方法をご紹介していきたいと思います。人間がどういうところに魅力を感じるのか、という心理学の知識を学び、本書のアドバイスどおりに生活しているだけで、だれでも確実に魅力を高めることができます。くり返しますが、これはウソでも何でもありません。異性にはモテますし、同性からは人気者になることでしょう。

世の中には、いわゆる「恋愛指南書」のような本がたくさんあります。インターネットで「魅力」「モテ」「好印象」といったキーワードで検索すれば、信じられないほどのサイトを見つけることもできるでしょう。

けれども、そういう書物やサイトでアドバイスしている人たちは、たいてい人並み以上のイケメンや美人である場合がほとんど。「こんなに顔だちが整っているのなら、そりゃあ、モテるよ」と思わずにはいられません。

けれども、本書は違います。本書のアドバイスは、基本的にはだれにでもすぐに実践できるものばかりです。たまに上級者向けの方法もご紹介していますが、数はそんなに多くありません。

また本書では、あまりお金のかからない方法だけを取り上げました。何十万もかかるセミナーに参加しようとか、エステに通おうとか、美容整形を受けよう、というアドバイスはしていません。ごく普通の、どこにでもいる一般人が、ごく普通の生活を送りながら、自然な形で「好かれる人間」になっていく方法だけを紹介していきます。時折、〝小道具〟を準備してもらうことがあるかもしれませんが、面倒だと思うのなら、そういう方法はすべて無視していただいても一向にかまいません。

たとえば、「ギターケースを持ち歩いているだけで、ナンパの成功率は高まる」（93ページ）というデータがあるのですが、もしギターケースを持っていないのなら、わざわざギターケースだけを購入する必要もないでしょう。また、「犬を飼っている人ほど、好かれる」（26ページ）というアドバイスについても、現在、犬を飼っていないのなら、わざわざペットショップに出向いて犬を買ってくる必要もありません。自分ができそうなところだけ、ちょこちょこと、つまみ食いするような感じで本書をご利用ください。

なお、本書で紹介するテクニックや知識は、すべて専門雑誌に論文という形で発表されている研究に基づいています。筆者が、独善的で、自分勝手なアドバイスをしているわけではありませんので、どうぞご安心ください。

相手に好かれてしまえば、ビジネスで説得や交渉がうまくいくでしょうし、恋愛も人間関係もすべて思い通りになるでしょう。そういう意味で、「人に好かれる」ということは、人生最強のスキルと言えるかもしれません。

と、まあ、前置きはこれくらいにして、さっそく本題に入っていきましょう。本書を読み終える頃には、「なるほど、こうすれば私も魅力的な人間になれるってわけか！」と膝を打っていることを保証しますよ。どうぞ、最後までよろしくお付き合いください。

内藤誼人

目次

第2章 最小の努力で「魅力」を最大化させる心理法則
――なぜか好かれる人の「演出」研究

第3章 一瞬で「印象」がよくなる心理法則
——なぜか好かれる人の「見た目」研究

第4章 だれでも魅力的な人に変わる心理法則
――なぜか好かれる人の「パーソナリティ」研究

第5章 100％心地いい関係をつくる心理法則
――なぜか好かれる人の「人づきあい」研究

第6章

好意を操る無意識の心理法則

――なぜか惹かれてしまう「魅力の正体」研究

コラム

本文デザイン　岡崎理恵

第1章

ひと言で心をつかむ「話し方」の心理法則

——なぜか好かれる人の「コミュニケーション」研究

共通点を探して「親近感」をアピール

ノースカロライナ大学（USA）

私たちは、自分と似ている人を好きになります。お互いに共通点が多くなればなるほど、その人から好かれる確率もアップするのです。

たとえば、年齢が同じであるとか、出身地が同じであるとか、卒業した学校が同じであるとか、お互いに犬を飼っているとか、同じアイドルのファンクラブに入っていたことがあるとか、何でもいいのです。

心理学では、お互いに似ていることを**「類似性」**と呼んでいるのですが、類似点（共通点）が多くなるほど、お互いに好意を抱きやすいことがわかっています。

面白いことに、**類似性は、「思い込み」でも起きる**ようです。

「あの人と私は、○○の点で似ている」と本人が思い込めば、それでもやはり相手に魅力を感じやすくなるのです。

たとえば、お互いにスポーツが趣味、というケースで考えてみましょう。スポーツが趣味というところは同じでも、片方は、かなり本気で取り組んでいるのに、もう片方は、月に1回くらいしかスポーツをしていないとします。

こういうケースでも、本人たちが「私たちって似ているよね」と思うのなら、やはり類似性が働いて、お互いに親しみを感じますし、好意を抱くのです。

ノースカロライナ大学のマシュー・モントヤは、現実の類似性のほうが魅力には強く関係しているのですが、思い込みのほうの類似性も、魅力との関連性は決して弱くないことを明らかにしています。

気になる人がいたら、その人と自分の共通点を探りましょう。

このときは、やや強引でもかまいません。共通点を見つけて、「私たちって、同じだよね」と何度もくり返して伝えていれば、相手のほうもそんな風に感じてくれるようになるでしょうし、魅力も感じてくれるようになります。

たとえば、相手が福島県出身で、こちらは山形県出身だとします。当然、出身地は異なるはずなのですが、「東北地方の出身だから仲間だね」ということにすれば、共通点がある人として認識してもらえるはずです。

好きな人の血液型がA型で、自分がAB型なら、「半分だけ一緒ですね」とアピールするのも悪くはありません。共通点がまったくないと類似性は働きませんが、多少のこじつけでもお互いに「似ている」と思い込めば、それはそれで問題はないのです。

「私たちはよく似てるね」

スムーズな相づちで「波長」を合わせる

フローニンゲン大学（オランダ）

「打てば響く」という言葉がありますが、人としゃべっているとき、お互いにポンポンと会話のキャッチボールが続くと、「この人と私って、波長が合うなあ」と感じるものです。

人に好かれる人は、実は、この会話のキャッチボールが非常にうまいのです。相手が何か言ってきたら、絶妙のタイミングで上手に相づちを打ってあげたり、さらに相手の会話をうながすような質問を入れたりするのです。

会話がスムーズに流れるようにすると、「この人って、何だかいいな」という印象を与えます。

オランダにあるフローニンゲン大学のナンキー・クーデンベルグは、72名の男女を集めて、5分間、「休日の過ごし方」というお題で会話をしてもらいました。ただし、お互いに別室に入れられ、ヘッドホンを通して会話をするので、相手の姿は見えません。

このとき、普通に会話ができる条件と、機械的な操作で、相手の声が聞こえるまでに1

秒のラグ（遅延）のある条件が設置されました。後者の条件は、わずか1秒のラグとはいえ自然な会話はかなり妨害されます。ようするに、スムーズな会話を妨害する条件でした。

さて、5分の会話が終了したところで、お互いの印象を尋ねてみると、会話がスムーズにできた条件では、「波長が合う」「一体感を感じる」という評価が高くなりました。いちいちおかしな間があいてしまって（わずか1秒ですが）、会話が思いどおりに進まない条件では、逆の評価になりました。

会話をするときのコツは、とにかくテンポよく相づちを打つこと。

どんな話題を話すかとか、気のきいたセリフを言おう、ということは、あまり考えないほうがいいでしょう。とにかく、相手が何か言ってきたら、間髪を入れず同意や賛成を示すようにすれば、だれでも好かれる会話ができるようになります。

「今日はさっぱりしたランチが食べたいよね」

「うん、冷たいお蕎麦なんていいね」

「私、汗っかきだから夏場が苦手で……」

「私も、脇汗がすごいよ！」

こんな感じで、ポンポンと相づちを打ってあげるのがポイントです。

相手がせっかく何か言ってくれているのに、「……」と無意味な間があったりすると、「なんだか、この人とは合わないな」と思われてしまうので気をつけましょう。

テンポよく相づちを打つ

雑談が苦手な人でもできる「愛が芽生える質問」

ニューヨーク州立大学(USA)

「私は、知らない人とどんな話題で話したらいいのか、わかりません」

会話がヘタな人は、得てしてこういう悩みを抱きがちです。

「気軽な話をする」「世間話をする」といっても、「気軽な話って、たとえば、どんな話ですか?」とか、「世間話って、具体的には何をテーマに話せばいいんですか?」と思ってしまって、自分から話しかけることができないのです。

どうしても人と話すときの話題作りが苦手なのであれば、あらかじめ相手に質問する内容を決めて、それを〝丸暗記〟してしまうのはどうでしょうか。丸暗記しておけば、あとは機械的に話題を切り出すだけですみますからね。

ニューヨーク州立大学のアーサー・アロンは、知らない人とペアになっておしゃべりをさせるという実験をしたことがあります。ただし、アロンはあらかじめ36の質問リストを作成しておき、お互いに1つずつ、好きな質問をそのリストから選ぶことになっていました。リストを見ながら、質問と受け答えを交互にやっていくわけです。

36の質問といっても、そんなに突飛な質問ではありません。答えにくい質問だと相手も困りますからね。たとえば、「あなたにとって完璧な日とは、どんな日ですか？」とか「電話をかける前に、予行練習をしたりしますか？」という質問です。

ところが、**リストを見ながらお互いに質問と受け答えをくり返すだけで、不思議なことが起きました。お互いに親近感が芽生えて、相手に好意を感じるようになってしまったの**です。そしてびっくりすることに、この実験に参加した人の中から、2組のペアがのちに結婚までしてしまったのです！

この36の質問は、「愛が芽生える36の質問」と命名され、新聞で取り上げられたり、インターネットでも話題になったりしました。

36の質問くらいなら、そんなに記憶力に自信があるわけではない人でも、何とか覚えることができるでしょう。そういうものを丸暗記しておくのもひとつの手です。ここにはすべての質問リストを載せませんが、インターネットで「愛が芽生える36の質問」と入れて検索すれば、実際のリストも簡単に手に入りますので、そちらを参考にして質問リストを自分なりに作ってみるといいですよ。

犬を飼っている人ほど好かれる理由

ルッピン・アカデミック・センター（イスラエル）

もしペットとして犬を飼っているのなら、ぜひ飼っている犬のことを話題にしてみてください。あなたが男性なら、犬を飼っているということを話すだけで、女性からモテる確率はかなり上昇しますから。

「僕は、犬を飼っているんですよ」と話すだけで、女性に好かれますよ、というお話をすると、たいていの人は驚くのではないかと思うのですが、このアドバイスには、きちんとした根拠があります。

ルッピン・アカデミック・センター（イスラエルにある単科大学でルッピン・カレッジとも呼ばれます）のシーゲル・ティファレットは、100名の女性（平均25・5歳）に、男性のプロフィール文章を読ませて、短期的なお付き合いの相手（セックスしてもいい相手）か、長期的なお付き合いの相手（結婚してもいい相手）としてふさわしいかどうかの評価を求めてみました。

なお、男性のプロフィール文章は2つ用意されていて、ほとんどの内容は同じでしたが、ひとつだけ「犬を飼っている」という文章が入っているものと、「飼っていない」に変更されたものが用意されていたのです。

その文章を読んだ女性は、「犬を飼っている」と書かれた男性については、短期的なお付き合いでも、長期的なお付き合いでもOKと答える割合が高くなりました。ようするに、犬を飼っている男性はモテるということが明らかにされたのです。

なぜ、犬を飼っている男性がモテるのかというと、ティファレットによれば、そういう男性は、「面倒見がよく」て、「養育的な人」だと思ってもらえるからだそうです。つまり、犬を飼っているだけで、結婚したらいいお父さんになってくれそう、という印象を与えるので、そういう理由で女性にモテてしまうわけです。

犬を飼っているからといって、本当に面倒見がいい人なのかどうかはわからないはずなのですが、とにかく女性は、そういう風に思い込んでくれるみたいですから、悪い印象は与えないのではないかと思われます。

ともあれ、犬を飼っているのなら、それを話題に出してみるのは、いいアイデアです。

残念ながら、ティファレットの実験では、犬を飼っているかどうかだけが扱われていたので、明確的なことは言えないのですが、ネコを飼っているとか、他のペットを飼っているのなら、そのペットのことでもいいかもしれません。ペットを飼っているというだけで、「きちんと世話ができる人」「人間だけでなく、動物にも愛情を注げる人」といったイメージを持ってもらえるので、同じように好ましく評価してもらえるのではないかと思われます。

「ペットを飼っている＝面倒見がいい」イメージに

たくさん質問をして脈ありサインを出す

ロチェスター大学(USA)

知らない人には、とにかく時間の許すかぎり、たくさんの質問をするといいですね。相手に質問をするということは、「私は、あなたに興味があるのです」「私は、あなたに好意を抱いているのです」というサインになりますので、相手も悪い気はしないのです。

米国ロチェスター大学のハリー・レイスは、48名の実験参加者を同性同士のペアにして、お互いに質問をしあうという実験をしたことがあります。

参加者には質問カードが渡され、それを使って相手に質問をするわけですが、その質問カードにはちょっとした仕掛けがありました。半分のペアには、質問カードに書かれた質問はわずか2つ。つまりお互いに1つずつしか質問できませんでした。残りの半分のペアに渡された質問カードには、6つの質問がありました。つまり、お互いに3つずつの質問ができたわけです。

さて、お互いの質問と、それについての自分なりの答えを話したところで、友人として

質問の回数を増やすだけで魅力が増す

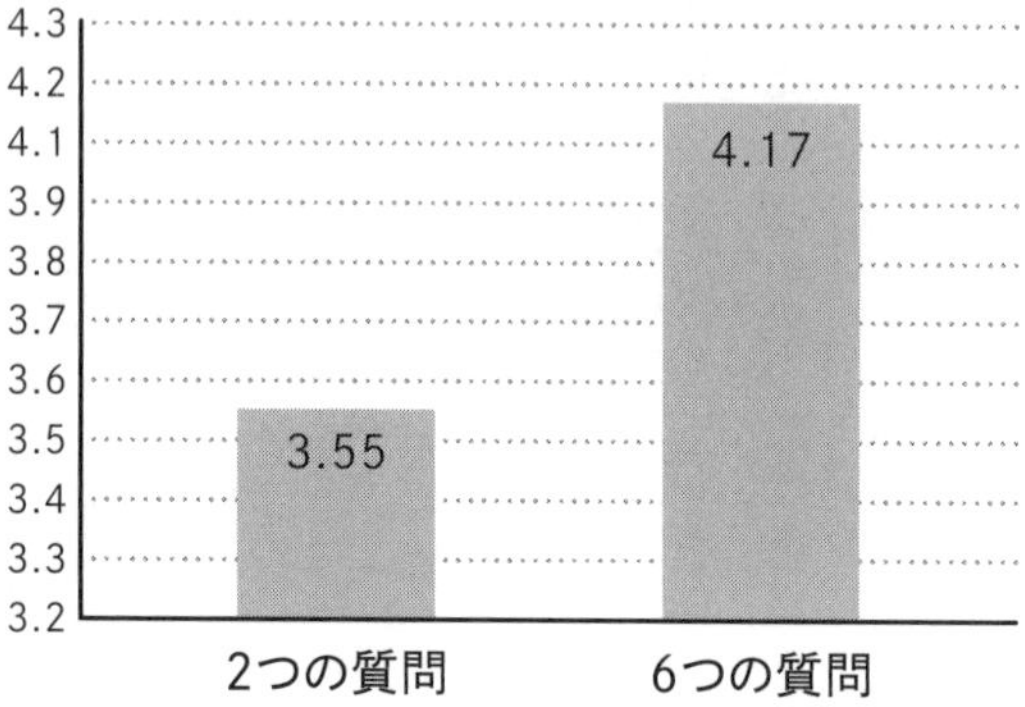

＊数値は7点に近いほど魅力を感じたことを示す　(出典：Reis,H.T., et al., 2011)

の望ましさなどを測定して、魅力の得点としました。すると、上のような結果になったのです。

たくさん質問をしたほうが、相手に好意を感じてもらえることがわかりますね。どんな質問でもよいので、とにかくどんどん質問してみましょう。

もちろん、言うまでもなく、相手が答えたくないような質問はダメですよ。「どうして結婚しないのですか？」とか「どうして子どもを作らないのですか？」といった、あまりにプライベートに踏み込んだ質問はダメです。

「謝罪」は好感度アップのチャンス

ハーバード・ビジネス・スクール（USA）

英語の表現には、「アイム・ソーリー・アバウト・ザ・レイン」といった面白いものがあります。雨が降ることは、私たちにはどうすることもできませんよね。ですが、こんなときにも、まるで自分に責任があるかのように、「雨でごめんなさい」とお詫びする表現があるのです。

もし自分が雨男だという自覚があって、みんなが楽しみにしているキャンプのときに大雨が降ったりすれば、「僕が雨男だから、みんなごめんね」とお詫びしてもいいのかもしれませんが、基本的に自分に責任のないときには、わざわざお詫びしようという人はいないと思います。

しかし、明らかに自分が悪くなくとも、謝罪をしておくのはいいアイデアですよ。なぜなら、「この人はいい人だな」という好感を与えることができますからね。

ハーバード・ビジネス・スクールのアリソン・ブルックスは、知らない人同士でペアを作り、お金を分け合うゲームをやらせました。

まず片方に6ドルが与えられ、相手にいくらあげてもよいと伝えられます。渡すときには、相手には3倍になって渡されます。6ドルをそっくり相手にあげれば、相手は18ドルになったものを受け取れるわけですね。

それから、相手も自分のお金をいくらでも相手に分け与える機会が与えられます。もし手持ちに18ドルがあるのなら、相手に9ドルを渡し、お互いに9ドルずつもらう、というのが最高のパターンです。

とはいえ、相手にズルをされると、こちらは最初に6ドルをそっくり渡しているのに、相手は18ドルを全部もらってしまって、こちらには何も返してくれない、ということもあります。

ブルックスは、お互いに順序を交代しながら、4回、同じゲームをやらせました。ただし、ペアの相手など本当は存在しておらず、コンピュータのプログラムがお金を返したり、メッセージを送ったりすることになっていました。

3回目のゲームが終わったところで、半分のグループには、相手(プログラム)からメッセージが送られます。

「先ほど、コンピュータの誤作動で、少ない金額をあなたに渡したことになってしまいました。本当にごめん」というメッセージが相手に伝えられました。もちろん、誤作動などはしていません。

コンピュータが誤作動したので、本人には責任はないのですが、それでもお詫びしておく条件です。残りの半分では、誤作動は伝えましたが、お詫びの文句はありませんでした。

さて、最終の4回目に、相手がどれくらい自分の持ち金をこちらに分配してくれるのかを測定したところ、お詫びをしてくれた条件では、84人中65人（77％）が、6ドルすべてをそっくり渡してくれました。お詫びをしてくれたことに好感を抱き、信用してくれたという証拠です。

お詫びをしない条件では、79人中51人（65％）しか6ドルすべてを渡そうとはしませんでした。

自分には関係がないところでも、とにかくお詫びしておくと、自分の印象はよくなることをこの実験は示しています。

お客さまから怒られたときは、とにかく謝罪してしまいましょう。「なんで自分のせいでもないのに、お詫びしなきゃならないんだ！」と憤慨する人がいるかもしれませんが、自分には関係ないと思っても、それでも頭を下げてお詫びをしておいたほうが、印象はずっとよくなりますよ。

お詫びをしてくれたことに
好感を抱いてしまう

もう一度会いたくなる人の聞く技術

ライマン大学(イスラエル)

人から悩みを相談されたときには、とにかくただ話を聞いてあげることに徹してください。何か気の利いた助言をしてあげようとか、そういうことは一切考えなくてかまいません。ただ聞いてあげるだけ。静かにうなずくこと以上のことはしなくていいのです。

「うん、うん……」とただ聞いてあげるだけで、相手はみなさんのことを好きになります。不思議ですよね。自分は何もしていないのですから。人に好かれるのは、実は、ものすごく簡単なのです。耳を貸してあげるだけでいいのです。これなら、だれにでもできるのではないでしょうか。

イスラエルのヘルツリーヤにあるライマン大学のグリット・バーンバウムは、恋人がいない56名ずつの男女をペアにして、5分間話すという実験をしたことがあります。

ただし、普通の会話の実験ではありません。コイントスで、話し手と聞き手にわかれてもらい、聞き手になったら、5分間、ただ聞くだけ。途中で質問をしたりしてはいけません。口をはさむことは一切禁止です。こういうのを会話と呼べるのかどうかは疑問ですが、とにかくそういう実験でした。

5分が経過したところで、お互いにどれくらい魅力を感じたのかを尋ねたところ、面白いことがわかりました。

聞き手は、何もせずにただ座って話を聞いていただけなのですが、話し手のほうは、その聞き手のことをものすごく魅力的な人だと答えたのです。ただし、これは男性だけ。男性は、話を聞いてくれる女性を高く評価したのです。

女性はというと、自分が一方的に話して、男性が話を聞いてくれるだけでは、あまり魅力を感じませんでした。

バーンバウムの実験では、女性はただ話を聞いているだけで魅力を感じさせるよ、ということが明らかにされたわけですが、他の研究では、「男女ともに、話を聞いてくれる人には魅力を感じる」ということが明らかにされています。

たとえば、イリノイ州立大学のスーザン・スプレッチャーは、男女83名ずつをペアにして1時間のデートをさせてみましたが、話を聞いてあげればあげるほど、「もう一度会いたい」という気持ちを高めることを突き止めています。こちらの研究では男女差は見られませんでした。

ただ話を聞くだけという作戦は、男性でも、女性でも利用できると言ってよいでしょう。バーンバウムの実験では女性には有効ということでしたが、他にもたくさんの研究で、男性に有効であることが示されていますから。

このテクニックはだれでも簡単に使えると思いますので、人と話すときには、何か話したくなっても、グッと我慢して、とにかく聞き役に徹してみてください。

モテるのは、
黙って話を聞いてくれる人

男性は、低い声で話すといい

ライデン大学（オランダ）

モテる男性は、みな落ち着いた、低い声が特徴です。お笑い芸人の麒麟・川島さんですとか、ケンドーコバヤシさんは、渋くてカッコいい声ですよね。男性俳優の多くも、低い声の持ち主は、「色男」のイメージを強烈に振りまいています。

実際、低い声のバリトンボイスの持ち主は、それだけで魅力的に思われるようです。

オランダにあるライデン大学のサラ・コリンズは、34名の女性に、さまざまな男性の声を聞かせて、その魅力を得点化してみたのですが、「低い声の持ち主ほど魅力的」という、はっきりとした関係が見いだされることを突き止めています。

男性は、できるだけ低い声を出すように心がけるといいですね。

「僕はもともとの声が高いので、なかなか低い声って出せないんですよね……トホホ……」と思われた人がいらっしゃるかもしれませんが、声というものは、トレーニングをすればいくらでも変えることができますよ。

イギリス首相を務め、鉄の女と呼ばれたマーガレット・サッチャーさんは、もともとの声が高かったのですが、専門家によるボイストレーニングを受けて、低い声が出せるようになったといわれています。高い声では、リーダーにふさわしくないので、頑張って低い声を出せるようになったのですね。読者のみなさんだって、トレーニングをすれば、低い声はいくらでも出せるようになるでしょう。諦めずに頑張ってみてください。

ところで、どうして低い声は魅力的なのでしょうか。

その理由は、低い声の持ち主は、相対的に体格が大きい傾向があるからです。動物でもそうで、体の大きな個体ほど、声は低くなります。そして、たいていの種では、体の大きなオスは、メスによくモテるのですよ。

また、声の低い男性は、「精子の質も高い」という信じられないようなデータがあります。

西オーストラリア大学のレイ・シモンズは、54名の男性に、「ア、エ、イ、オ、ウ」の母音を読み上げてもらい、その声を録音させてもらいました。母音は1秒に1つずつ読み上げることになっていました。

次に、全員に同じ4枚のエッチな画像を見ながら射精してもらい（すごい実験ですね）、精子を採取させてもらいました。その精子の濃度や、動きの活発さなどの指標で「精子の質」を決めたわけです。

それから録音させてもらった声と、精子の質を調べたところ、「声の低い人ほど、精子の質も高い」という結果が得られたのです。

ひょっとすると、女性は、こういうことを無意識に知っていて、声の低い男性が相手のほうが、いい子どもを産めるかも、と判断し、低い声の男性に魅力を感じるのかもしれません。

ともあれ、「渋い男」を演出したいのであれば、甲高い声でしゃべるのではなく、お腹の底から低い声を出すように、意識してみるといいかもしれませんね。

女性は、無意識に声が高くなる秘密

アバディーン大学（イギリス）

女性は、男性に話しかけるときに、ちょっと高めの声を出すといいみたいですね。男女では、まったく反対のアドバイスになってしまうので、ちょっと混乱する人がいるかもしれませんが、そういう男女差があるのです。

先ほど登場してもらったサラ・コリンズは、女性の声の魅力についての実験も行っています。

コリンズは、まず30名の女性の声を録音させてもらいました。アの母音を含んだ「キャット」、エの母音を含んだ「ゲット」、イの母音を含んだ「シット」、オの母音を含んだ「ホット」という単語を3回ずつ言ってもらい、その声を録音させてもらったのです。

その声を男性の判定者に聞かせて、どれくらい魅力を感じるのかを尋ねてみたところ、周波数の高い声ほど、「かわいい女性だ」という評価が高まりました。

なぜ高い声の女性が、男性に人気が出るのかというと、高い声の持ち主は、年齢が若くて、小柄な人である傾向があるから。

赤ちゃんや、小さな子どもって、ものすごく声が高いですよね。電車やバスの中で、子どもがしゃべっていると、ビックリするほど高い声です。つまり、声の高さは、「若さ」とも連動しているのです。

一般に、男性は、若い女性が好きです。そのため、若さの象徴である「声の高さ」にも敏感に反応してしまうのでしょう。

コロナ禍になってから、対面でのやりとりが激減し、電話での打ち合わせも増えましたが、私は相手の声を聞けば、だいたいの年齢も想像がつきます。声が高い人は、だいたい年齢も若いのです。

また、声が高い人は、「小柄である」傾向があることもコリンズは指摘しています。身体が小柄な女性ほど、大柄な女性に比べて、一般に声は高いのです。そして、男性は小柄な女性が好きです。そういうことを男性は経験的に知っていて、高い声の女性を好むのかもしれません。

ちなみに、女性は、好きな男性に話しかけるときには、無意識のうちに声が高くなります。相手に応じて、声の高さを変化させているのです。

英国アバディーン大学のポール・フラッカロは、45名の女子大学生に、魅力的な男性の写真、あるいは魅力がイマイチの男性の写真を見せながら、「この人に留守電を残すような感じで、『どこか一緒に出かけたいと思ってお電話をしました。かけ直してください』というセリフを読み上げてください」とお願いし、その声を録音させてもらいました。

すると、女性は、魅力的な男性に留守電を残すときには、高い声を出すことがわかったのです。

女性が高い声で話しかけてきたときには、「ひょっとすると僕のことが好きなのかも？」という予想ができるわけですね。逆に、女性が低い声で話しかけてきたのであれば、言いにくいのですが「脈がない」ということの証拠になります。

コラム

魅力的でないほうが、魅力的？

ルートヴィヒ・マクシミリアン大学（ドイツ）

本書は、魅力を高める方法をお教えするものですが、魅力が高すぎると、逆の問題を引き起こしてしまうこともあるので要注意。

「過ぎたるは猶及ばざるが如し」という言葉がありますが、魅力についても「ありすぎる」というのは、ちょっと困りもののようです。

ドイツにあるルートヴィヒ・マクシミリアン大学のマリア・アグザは、魅力は同性に対してはネガティブに働いてしまうことを実験的に明らかにしています。

男性は、魅力的な女性は好ましく思いますが、魅力的な男性を見ると、苦々しい気持ちになるのです。女性もそうで、イケメンの男性は好きですが、顔だちの整った美人に対しては、歯ぎしりするような感情を抱くのです。

魅力があれば、たしかに異性にはモテるでしょう。

ところが、同性からは、親の仇のように思われてしまう、というまことに厄介な問題を引き起こすことも知っておかなければなりません。

アグザは、男性162名、女性223名に、出版社の人事担当者になったつもりで、雑誌の編集者に応募してきた人の書類を読んで、採用するかどうかを判断してください、とお願いしました。

魅力的な人は同性から好かれない

		異性の応募者		同性の応募者	
		魅力的でない	魅力的	魅力的でない	魅力的
被験者の性別	男性	5.41	6.77	6.19	5.35
	女性	5.59	7.27	6.56	5.92

＊数値は高いほど採用する見込みが高いことを示す

（出典：Agthe,M., et al., 2011）

なお、応募書類には顔写真が貼られているのですが、魅力的な男女（事前に確認し、10点満点で7点から9点）の写真か、そんなに魅力的でもない男女（10点満点で2点から4点）の写真が貼られていました。応募書類は、写真以外はすべて同じです。

では、応募書類を見た人たちは、応募者をどのように評価したのでしょうか。その結果を上に示しましょう。

男女ともに、異性を評価するときには顔の魅力が高い人を採用したがりました。ところが同性については、魅力は逆効果で、魅力的な人ほど「こんなヤツは採用したくない」という気持ちが強まることが明らかにされたといえます。

魅力的なことはよいことなのですが、こと同性に対しては、ネガティブに働くこともあるのです。そう考えると、そんなに魅力的でもなく、「ほどほど」くらいのほうが、むしろ本人にとっては気がラクですし、安心もできるかもしれません。

第2章

最小の努力で「魅力」を最大化させる心理法則

——なぜか好かれる人の「演出」研究

閉店間際の魅力アップタイムを狙え

マッコーリー大学(オーストラリア)

異性との出会いを求めて、独身者が集まるバーのことを「シングルスバー」といいます。最近では、日本でもこういうバーが増えてきているようで、「婚活バー」とも呼ばれているようです。恋人を作りたい人は、ぜひお住まいの近くにそういうお店がないかどうか、確認してみるといいですね。現在では、まだまだ都会にしかないようですが。

ちなみに、シングルスバーに出向くのであれば、コストパフォーマンス的に、「できるだけ遅い時間に出向いたほうがいい」ということを覚えておいてください。そのほうがお金もかかりませんし、お付き合いできる可能性も高くなります。

なぜかというと、閉店時間が迫ってくると、男性も女性も、「このままではだれともカップルになれずに終わってしまう」と気持ちが焦ってきて、「もうだれでもいいか」という心理になりやすく、ごく普通の魅力の人でも、なぜか魅力を水増しして評価してもらえるようになるからです。

閉店時間に近づくほど魅力的に見えてくる

	9時	10時半	12時
女性客	2.64	2.92	3.60
男性客	3.31	3.81	4.23

(出典:Johnco, C., et al., 2010)

心理学では、こういう現象を**「閉店時間効果」(クロージングタイム効果)**と呼んでいます。

オーストラリアにあるマッコーリー大学のカーリ・ジョンコの実験を紹介しましょう。

ジョンコは、シングルスバーにやってきたお客81名(平均30歳)に声をかけ、閉店までずっといてくれたお客に、午後9時、午後10時半、真夜中の12時の都合3回、「店内にいる異性の魅力は、5点満点でいうと何点ですか?」と尋ねてみました。

すると時間が遅くなればなるほど、店内にいる異性が魅力的に見えてしかたがなくなってしまうことがわかったのです。これは男性も女性もそうでした。

同じ結果は、米国フランクリン大学のスティーブ・ニーダも得ています。閉店までの時間が3時間半前のときより2時間前に迫ったときのほうが、さらには2時間前より閉店30分前のほうが、店内にいる異性が「とても魅力的」という評価が高まったのです。

集団お見合いや、婚活パーティでも、勝負を仕掛けるのは「終わりの時間が迫ったとき」です。あるいは、「終わった後」です。

もしパーティ中には、うまくカップルになれなかったとしても、会場から出ていく参加者に声をかけて、「せっかくですので、どこかで軽くお食事でもしていきませんか?」と誘ってみると、意外にうまくいってしまうかもしれません。「だれともカップルになれないまま帰宅するのはイヤだ」という心理が働くので、自分の好みのタイプでなくとも、相手に求める要求水準がずいぶんと引き下げられているはずです。

ツンデレ作戦で気を引く

ウェスタン・シドニー大学（オーストラリア）

好かれる人は、いつでも、どこでも、だれにでも愛想を振りまいているような感じがしますが、「逆の作戦」をとることもあるようです。つまり、あえて冷たい態度をとることによって、相手の気を引くこともあるのです。

「落ちそうで、落ちない」という態度をとることは、相手の恋愛感情を引き出す高度な恋愛テクニック。好かれる人は、そういうテクニックを使うこともあるのです。相手が好きなのだから、相手に好かれることだけをやっているのかというと、そうではありません。甘えるだけでなく、相手にツンツンした態度も見せるわけで、これは「ツンデレ作戦」と呼んでもよいでしょう。

ウェスタン・シドニー大学のピーター・ジョナサンによると、男性も、女性も相手の気を引く戦略として、このツンデレ作戦をよく使うそうです。

ただし、その中身についてはちょっとした違いがあり、女性はというと、「好きな人には、あえて電話をかける回数を減らす」とか、「そんなに話しすぎないようにする」とか、「忙しいフリ」というやや控えめなツンデレ作戦をとるのに対し、男性はというと、もっと積極的に、「横柄な態度をとる」とか「ひどい扱いをする」という作戦をとるようです。「ひどい扱いをする」というのは、幼稚園の男の子が、好きな女の子には、髪の毛を引っ張ったり、スカートめくりをしようとするようなことです。男性は、好きな子が相手だと、あえて嫌われるようなことまでしてしまうようです。

こういうツンデレ作戦は、漫画や映画の中でしか見られないものかというと、どうもそうではなく、現実世界においても、よく利用されていると考えてよいのかもしれません。内気な男性は、女性に話しかけられると緊張してしまって、あえて素っ気ない態度を見せたり、デートに誘われても断ってしまったりすることもありますが、そういう言動は、知らぬ間に高度なテクニックを使っていることになります。だから、内気で恥ずかしがり屋の男性がモテることもあるのです。いつも必ずモテるというわけではありませんが。

ただし、この作戦は、あくまで高度なテクニックに属するので、恋愛初心者はあまり真似をしないほうがいいような気もします。普通に、相手に親切にし、愛想よく笑いかけ、親しみやすい人柄をアピールしたほうが、好かれる確率は高くなるでしょう。

お酒の力を借りる「ビア・ゴーグル現象」とは

ボンド大学（オーストラリア）

お酒を飲む人なら経験的にわかっていると思うのですが、お酒を飲むと、なぜか異性がとても魅力的に見えてきてしまうものです。この現象のことを、心理学では、「ビア・ゴーグル現象」と呼んでいます。

「ビア」は「ビール」、「ゴーグル」は「色メガネ」という意味で、ビールを飲んで酔っぱらうと、相手がとても魅力的に見える魔法の色メガネをかけたときのような状態になってしまう、という用語ですね。

男性は、好きな女性に対して、「一緒に飲みに行こう」とよく誘うものですが、お酒を飲みに行けば、「こんな自分でも、ひょっとすると魅力的な男性だと思ってもらえるかも？」という淡い下心が働くから。そして、この推論自体は、間違っていません。

オーストラリアにあるボンド大学のマイケル・リヴァースは、80名の男女にお酒を飲んでもらい（あるいは飲ませず）、呼気テストで血中アルコール濃度を3段階にわけました。

ほろ酔いでいつもの1.5倍魅力アップ

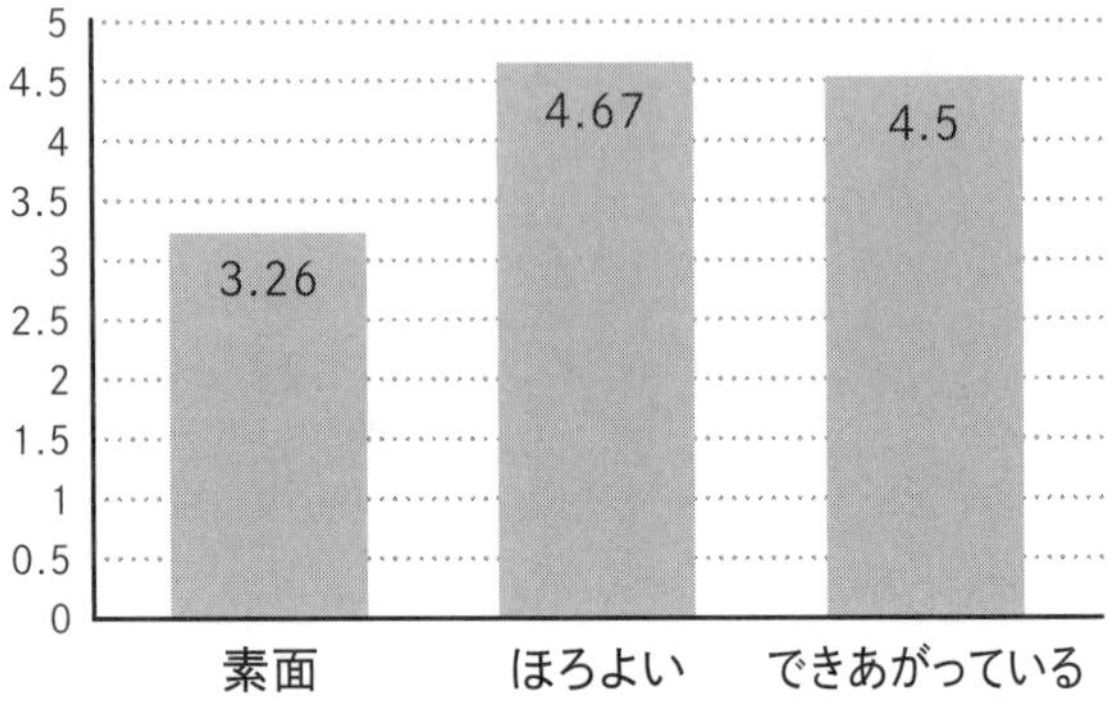

*数値は10点満点　　(出典:Lyvers, M., et al., 2011)

お酒を飲ませないコントロールグループは、当然、血中アルコール濃度はゼロ。「ほろよい」とされたグループの血中アルコール濃度は0・01から0・09%。十分にできあがっているグループは、0・10から0・19%としました。

さて、この3つのグループに異性の顔写真を見せて、「全然イケてない」と思うなら1点を、「すごくイケてる」と思うのなら10点をつけてもらいました。すると、上のグラフのような結果になったのです。

一番異性が魅力的に見えるのが、「ほろよい」。あまりにぐでんぐでんに酔っぱらってしまうと、逆に、魅力の評価は少し下がってしまうようです。ある程度は理性が残っていないと、魅力の判断もできなくなる、ということでしょうか。

ともあれ、もし魅力を水増ししたいのであれば、ほどよく酔っぱらう程度にお酒を飲んでもらうのがいい作戦ですね。ちなみに、リヴァースの実験では、男女の性差は確認できませんでしたので、女性がこの作戦を利用してもかまいません。ほろよい状態になった男性は、きっと魅力を高く評価してくれるはずです。

異性が一番魅力的に見える
アルコールの量は?

気弱な人は「自信」を偽装してみる

グルノーブル大学（フランス）

ビア・ゴーグル現象というものは、「異性が魅力的に見えてしかたがない」という現象なのですが、お酒を飲んで酔っぱらうと、異性が魅力的に見えるだけでなく、自分の魅力が増した、とも感じるようです。お酒を飲むと、「僕は（私は）、イケてる人間だ」と思うようになるのですね。自己評価がぐんと上がるのです。

フランスにあるグルノーブル大学のローレント・ベーグは、バーにやってきた19名のお客に自分がどれくらい魅力的で、聡明で、個性的で、楽しい人間だと思いますか、と尋ねました。その一方で、呼気テストで血中アルコール濃度も調べさせてもらいました。

すると、血中アルコール濃度が高い人ほど、すなわち酔っぱらっているほど、自分は魅力的で、頭がよくて、ユニークで、面白い人間だ、と自己評価することがわかったのです。

お酒を相手に飲んでもらうのではなく、自分で飲むのもいい作戦です。酔っぱらえば、「私って意外に魅力的」と思うようになりますし、そう思い込むことができれば、堂々とした気持ちになり、自信たっぷりの行動をとれるようになりますからね。

自信のある行動をとっていれば、実際に、相手にも好ましく評価してもらえるものです。引っ込み思案で、オドオドしていて、ほとんど何もしゃべってくれない人よりは、自信たっぷりにしゃべってくれる人のほうが、よほど好ましいと思ってもらえるでしょう。

気が弱い人などは、異性と話すときには、ほんの少しアルコールを摂取しておくことも、決して悪くはありません。アルコールは理性の働きを抑制してくれますので、いろいろと悩んだりせず、堂々とした態度をとることができるからです。

自己嫌悪がひどく、自己評価がものすごく低い人がいます。こういう人は、ネガティブな思考をとりがちで、「どうせ自分なんか……」というひねくれた態度をとってしまいます。こういう人が、人に好かれるということは絶対にありません。

したがって、ある程度までは自分に自信を持たなければダメです。そのための魔法の水が、お酒なのです。もちろん、あまりに酔っぱらってはダメですよ。「この人はアルコール中毒なのだろうか」と相手に心配されてしまうようではいけません。あくまでも軽く飲むだけです。それでも、自分は魅力的だ、と感じられるようになるでしょう。

お気に入りのフレグランスの力で「イケてる振る舞い」ができる

リバプール大学（イギリス）

お酒を飲むと、私たちは、「私って、けっこうイケてるかも？」と思うようになります。とはいえ、真っ昼間からお酒を飲むことには抵抗がある人も多いでしょう。これから人に会おうというとき、さすがにお酒の匂いをさせているわけにはいきません。

そこで、お酒以外の方法もご紹介しておきます。

それは、自分なりに好きなフレグランスを決めて、自分自身によい香りを漂わせること。こうするだけでも、「私って、意外にいい男（女）」という気持ちを強めることができるはずです。なお、フレグランスは香り全般のことを指します。コロンやトワレ、パルファムなど、香水にはいくつかのカテゴリーがあり、その濃度や持続時間で区別されているらしいのですが、とにかく「よい香りがするもの」であれば何でもかまいません。

英国リバプール大学のクレイグ・ロバーツは、35名の男性を集め、18名には市販の香りつきのデオドラントスプレーを使ってもらい、17名には無臭のスプレーを使ってもらいました。それから自分自身がどれくらい魅力的だと思うかを質問し、さらにビデオカメラに向かって、「魅力的な女性が目の前にいるものとイメージして、自己紹介してください」とお願いしました。

そのビデオを8名の女性の判定者に見せて評価してもらったところ、デオドラントスプレーを使ったグループでは、女性に好ましい自己紹介ができることがわかりました。

いい香りを漂わせるようにすると、私たちはまず自分自身の魅力を高く感じるようになります。「自分はイケてる人間」と思うようになるのです。

そして、自分はイケてると思うようになると、自己紹介のときにも、自信のある、堂々とした振る舞いを見せることができるようになり、それによって女性にも魅力的だと評価されるようになるのです。

自己嫌悪が強い人は、香水をつける習慣を持つといいかもしれませんね。自分にいい香りを漂わせるようにすれば、少なからず自己嫌悪感をなくすことができるでしょうから。

フレグランス商品は、きわめて種類が多いので迷ってしまう人も多いと思うのですが、日本人には、フローラルな花の香りですとか、オレンジやシトラスなどの柑橘系の香りを好む人が多いので、迷ったらそういうものを選ぶようにしてください。

素敵な女友達を増やして、自分の魅力を水増しする

テキサス・クリスチャン大学（USA）

恋愛は抜きにして、まずは魅力的な女性とお友達になることは非常に重要です。お友達から恋人へとステップアップを狙うわけではありません。その女性とは、あくまでも友達のままでいいのです。

魅力的な女性と一緒にいると、それを見た他の女性は、みなさんのことを素晴らしい男性だと思ってくれます。つまり、自分の魅力を水増しすることができるのです。

米国テキサス・クリスチャン大学のクリストファー・ロードヘファーは、インターネットで男女が並んで撮影されている写真を探し、その中でも特に女性がとても美人で、男性のほうはイマイチ、という組み合わせの写真を集めました。

その写真を148名の女子大学生に見せて、「この男性は、どれくらい恋人として望ましいと思いますか？」と尋ねたところ、男性の魅力はイマイチであるにもかかわらず、ものすごく高評価を受けることがわかりました。「こんなに素敵な女性と一緒にいるくらい

なのだから、彼もきっと素晴らしい男性に違いない」と思われたからです。

女性は、他の女性が、男性をどのように評価しているかによって、自分の評価も決めるところがあります。

他の女生徒たちが、キャーキャーと騒いでいると、最初は、その男性のことをこれっぽっちも好きではない女性でも、「なんだかよさそう」と思うようになってしまうものです。

この心理はちょうど、行列ができているラーメン屋さんは、さらに行列ができやすくなるのと似ています。実際には、そんなにおいしくないのかもしれませんが、「こんなに行列ができているということは、きっとおいしいに違いない」と他のお客は思い込んでそのお店に並ぶのです。

なお、魅力的な女性と一緒にいるときには、できるだけ彼女を楽しませて、頻繁に笑ってもらうように努力しなければなりません。

スコットランドにあるアバディーン大学のベネディクト・ジョーンズによりますと、写真に並んで写っている女性が微笑んでいると、その男性の魅力は水増しされるのに、女性が無表情だと魅力は変わらなかったのです。

「ただ並んで一緒にいる」というだけでは、どうも魅力の水増し効果は期待できないようですので、楽しませることを忘れてはなりません。そもそも、つまらない人間だと思われてしまったら、友達としてもお付き合いしてもらえませんので、全力で楽しませてあげることがポイントです。

魅力的な女性のお友達が増えれば増えるほど、男性の魅力もみるみるアップします。ですから、いきなり恋人を作ろうとせず、まずは素敵な女友達を増やそう、というくらいの気楽な考えでいきましょう。

「恋に落ちる理由」第1位は？

ニューヨーク州立大学（USA）

人に好かれるのは、実をいうと、そんなに難しくありません。まずはこちらからにこやかに微笑んで、「私は、あなたに好意を持っていますよ」と伝えればよいのです。

好意を見せられて、嬉しく感じない人はいません。だれだって、好意を見せられれば悪い気はしないはずです。そして、自分に好意を見せた相手に対して、自分も好意を感じるようになるのです。

この現象は、「好意の返報性」と呼ばれています。AさんがBさんに好意を示すと、不思議なことにBさんもAさんに好意を見せるようになるのですね。これが返報性。

人に好かれたければ、まずはこちらから相手を好きになってみましょう。そういう人を目指すと、だれからも嫌われることがなくなりますよ。

ニューヨーク州立大学のスーザン・リエラは、男性58名、女性69名に、恋に落ちたときの状況や、恋に落ちた理由などを自由に記述してもらいました。

その結果を4人の判定者がひとつひとつ分類してみたところ、恋に落ちる理由の第1位が、好意の返報性であり、82％の人がこの理由を挙げることがわかりました。
「どうしてあなたは恋に落ちたのですか？」と質問すれば、8割の人は、「だって、彼（彼女）が私のことを『好き』って言ってくれたから」と答える計算になります。好意の返報性は、相当に効果が高いといってよさそうですね。

ちなみに、リエラの研究で恋に落ちる第2位は、「熟知性」。これを理由に挙げる人は71％いました。同じ部署でずっと一緒に仕事をしていたり、頻繁に顔を合わせていたりすると、私たちは、お互いに親しみを感じ、それが恋愛にまで発展するケースもずいぶん多いと言えそうです。

第3位は、「生理的喚起」。お酒を飲んで酔っ払っているときに、勢いで付き合うようになってしまったり、テーマパークで遊んでいるときにドキドキを感じたりしたことを理由に挙げる人もいました。ただし、3位からは数値はグッと減って、47％になります。

面白いのは、恋に落ちた理由を挙げた人で、「外見」を挙げたのが23％しかいなかったこと。**見た目がいいことより、好意を自分から先に示すことのほうが、よほど相手に好かれるうえでは効果的だ**と言えるでしょう。

無表情はNG！　笑顔をつくる

アムステルダム大学（オランダ）

好意の返報性の似たようなバージョンとして、**「笑顔の返報性」**というものもあります。こちらがにっこりと微笑んでいれば、相手からも笑顔が返ってくるのです。

オランダにあるアムステルダム大学のアニーク・ヴルートは、男女のアシスタントを雇って、デパートやスーパー、ショッピングモールに送り込み、買い物客639名に、動物保護の募金してもらう、という実験をしたことがあります。

アシスタントは、「動物愛護団体の者なのですが、募金をお願いできませんか？」と買い物客に話しかけるのですが、このとき笑顔で話しかける、という条件と、無表情で話しかける、という2つの条件が設けられました。お客によって、ランダムにどちらかの条件で声をかけるわけですね。

声をかけるときには、他のアシスタントが少し離れたところからお客の表情を観察し、どんな表情をするのかを測定しました。

すると、アシスタントが笑顔で募金をお願いすると、声をかけられた買い物客の64・9％が微笑んだ表情をすることがわかったのです。まさしく返報性が働いたのですね。アシスタントが無表情で声をかけたときには、64・7％が無表情でした。「そちらが無表情なら、こちらだって無表情で返すよ」ということでしょうか。

ともあれ、自分のほうから率先して積極的に笑顔を見せていれば、相手も笑顔を見せてくれるようになりますし、好意も感じてもらえるようになるのです。

ちなみに募金に応じてくれた割合についてもヴルートは調べてみたのですが、笑顔のときには51・3％が応じてくれたのに、無表情のときには29・3％しか応じてくれませんでした。ニコニコしていたほうが、相手も好意的に反応してくれることが明らかにされたといえるでしょう。

どんなに気分がムシャクシャすることがあっても、いつでも表情はにこやかにして、微笑んで見えるような表情を心がけてください。いつでも笑うようにしていれば、だれでもみなさんのファンになってくれますよ。

「好きか嫌いか、わからない」という魅力

ヴァージニア大学（USA）

相手に対してわかりやすい好意のサインを出したほうが、相手もすぐに気づいてくれます。たとえば、「○○さんはカッコいい」「○△さんみたいな人は素敵」「□○さんのような人には憧れてしまいます」など、非常にわかりやすい好意のメッセージを伝えたほうが、相手も嬉しいでしょうし、好意の返報性も起きるでしょう。

ところが、人間の心理というものはまことに不可思議なところがあり、好意を示してもらえるのは当然嬉しいのですが、「好きなのか嫌いなのか、よくわからない」というときにも、相手に興味を抱き、魅力を感じてしまうこともあるのです。

米国ヴァージニア大学のエリン・ホイットチャーチは、47名の女子大学生に、男性のプロフィールを読んで、その後で実際に対面して話し合う、という実験に参加してもらいました。ただし、男性は別室にいるということになっていましたが、本当はいません。

女性はまずプロフィールを読んで印象を答えます。すると、ホイットチャーチはその回

答用紙を持って、もっともらしく別室に向かいます。別室では、同じように男性が女性のプロフィールを読んでいて、その印象を回答していることになっていたからです。
戻ってくると、ホイットチャーチは「これはあなたがお会いする男性が、あなたのプロフィールを読んだ回答です」と言いながら用紙を手渡します。もちろん、もともと男性などいませんし、回答用紙もあらかじめ準備されていたものです。
男性の回答にはいくつかの条件がありました。
1「何人かのプロフィールを読んでみたが、あなたが一番魅力的だと思う」という回答
2「あなたは、平均的に魅力的だと思う」という回答
3「どれくらい好きなのかは、実験的な条件として教えられないことになっている」という回答
その後、どの男性に対する魅力を感じるか尋ねてみると、女性は1の条件の男性には魅力を感じることがわかりました。好意の返報性ですね。「あなたが一番好き」という好意が示されると、女性はその男性に好意を返そうとするのです。
この実験で面白いのは、3の条件。「好きか嫌いか、教えられない」という条件でも、やはり女性は男性に魅力を感じたのです。しかも、驚くことに、1の条件よりも、さら

に高い魅力を感じたのでした。

私たちは、自分のことを「好きなのか嫌いなのかがわからない」ときにも、魅力を感じることがあるようです。

そういえば、相手の気持ちを知りたい人は、花占いをすることがあります。花びらを1枚ずつ引き抜きながら、「好き……嫌い……好き……嫌い……好き……」という具合に花びらがなくなるまで続ける、ちょっとしたお遊びです。今の人たちがこういう遊びを知っているのかどうかはわかりませんが、ある年齢以上の人なら、だれでも知っているでしょう。

考えてみると、花占いによって相手の気持ちをはっきりと知りたいと感じること自体、すでに相手に興味を持ち、魅力を感じている証拠ですよね。

基本的に、好意は見せたほうがいいと思うのですが、「好き嫌いを見せない」という方法も、実は悪くないのです。ただし、これは恋愛上級者のテクニックのように思われるので、読者のみなさんは、好意をどんどん見せていく作戦をとったほうがよいでしょう。こちらのほうが間違いありませんから。

恋愛感情を錯覚させる

テキサス大学（USA）

あまりにも有名なので、読者のみなさんもどこかで聞いたことがあるかもしれませんが、「吊り橋効果」と呼ばれる心理用語があります。

吊り橋の上は、グラグラするのでだれでも心臓がドキドキしますよね。すると、本当は吊り橋が怖くてドキドキしているだけなのに、たまたま自分のそばに異性がいると、そのドキドキ感を、「私がこの人を好きだからだ」と錯覚して好きになってしまうのです。これが吊り橋効果。私たちは、不安を、恋愛感情と取り違えてしまうのですね。

ということは、好きな人を吊り橋の上に連れていけばいいのですが、そんなに都合よく吊り橋なんて、現実にはありません（笑）。

実は、もう少し身近なところに、同じ心理効果が期待できるところがあります。

それはテーマパーク。たいていのテーマパークには、ひとつか、ふたつは、必ず絶叫系のアトラクションがあるはずで、そういうところに相手を連れていけばいいのです。お化け屋敷でもいいかもしれませんね。

ジェットコースターに一緒に乗って、ドキドキしてもらうことができれば、そのドキドキ感をみなさんへの恋愛感情だと錯覚してくれるかもしれません。いつでも必ずそうなるとは保証できませんが、かなりの効果が期待できるでしょう。

テキサス大学のシンディ・メストンは、これからジェットコースターに乗ろうとしている人と、乗り終えたばかりの人に、異性の写真を見せて得点をつけてもらいました。

すると、乗り終えたばかりの人のほうが、同じ異性の写真について高い得点をつけました。また、「この人と、デートしたいですか?」という質問にも好意的な反応を示しました。ジェットコースターに乗って、ドキドキしたばかりの人は、異性が魅力的に見えることが確認されたといえます。

吊り橋効果とはいうものの、別に吊り橋ではなく、ジェットコースターでも同じような魅力の水増し効果は見られますので、こちらのほうが断然おススメです。

ただし、この作戦が功を奏するためにはいくつかの条件があります。

まずひとつめは、相手が怖がりであること。絶叫系アトラクションが大好きで、どんなアトラクションに乗っても、まったく緊張も不安も感じないような人には、残念ながら、魅力の水増し効果は起きないでしょう。

もうひとつは、自分自身が怖がりでないこと。「絶叫系だけは、絶対にNG」という人にも、当然ながら、この作戦は実行できません。何しろ、自分自身がそういうものには乗りたくないのですから。

自分が怖がりでなく、相手が怖がりであるという都合のいい組み合わせのときでなければ吊り橋効果作戦は実行できないのですが、運よくそういう組み合わせのときには、ぜひ試してみてください。

映画に誘うなら、コメディとホラーのどっちが正解？

南フロリダ大学（USA）

女性をデートに誘うとき、「一緒に映画を見に行きませんか？」と言うのが常套句のひとつ。映画を嫌いな女性はあまりいませんし、映画を見ている最中には会話もせずにすむので、会話が苦手な男性にもうってつけです。

さて、映画に誘うとして、どんなジャンルがいいのかは、吊り橋効果を学んだ読者のみなさんにはもうわかりますよね。そう、おススメのジャンルは、ホラーでありサイコでありスプラッターでありサスペンス・スリラーです。なぜなら、それらの映画には衝撃的なシーンがたくさん出てくるので、そのたびに「ドキッ」とさせることができるからです。

映画のシーンでドキドキしているだけなのに、人間はそのドキドキ感を恋愛からくるものだと思い込み、恋愛感情を高めるのです。

映画を選ぶときに、ほのぼのとしたアニメやコミカルな映画を選んでしまうと、映画自体は面白いかもしれませんが、自分の魅力を高めることはできませんのでご注意ください。

南フロリダ大学のブレット・コーエンは、ドキュメンタリー映画をやっている映画館と、サスペンス・スリラーをやっている映画館の前で待機し、映画が終わってから出てくるカップル70組をこっそりと観察してみたことがあるのですが、**サスペンス・スリラーを見終わったカップルは、手をつないだり、腕を組んだりして出てくる割合が多かった**そうです。吊り橋効果によって、恋愛感情が高まったためでしょう。ドキュメンタリー映画を見たカップルには、そういうイチャイチャした行動は見られませんでした。

映画に誘うのなら、ぜひドキドキするようなジャンルを選んでください。もちろん、アクション映画であっても、ドキドキ、ハラハラするシーンがたくさん出てくるのなら、それでももちろんOK。

あらかじめどのような映画なのかを調べ上げ、実際に自分で一回見ておくのもいいかもしれませんね。せっかく好きな女性にデートに応じてもらっても、内容があまりにつまらなかったりすると、お互いにガッカリしてしまいますから。

絶叫系のアトラクションもいいのですが、個人的にはテーマパークに誘うよりも、映画に誘うほうが、女性の抵抗も少ないような気がします。屋外は、夏場は暑いですし、冬場は寒いので、屋内のほうがよい、という女性が多いような気がするのですよね。

コラム

自分が好かれているかどうかを判定する心理テスト

読者のみなさんは、自分が、特定の人からどれくらい好かれているのかが気になったりすることはありませんか。だとしたら、簡単に判定できる心理テストがあります。

やり方は簡単、アルファベットの単語のうち、好きな文字を頭に思い浮かべてもらうだけ。もしその文字が、自分のイニシャルの入っているアルファベットなら、それは相手から好かれていることの証拠になります。

たとえば、私（内藤誼人）の場合だと、イニシャルは「Y・N」になりますから、この2つのどちらか、あるいは両方ともが相手の好きなイニシャルに入っているのなら、私も好かれているのだろう、と判断してよいわけです。

ただ、アルファベットは26文字もあるので、5つとか10個くらいに絞って相手に好きなものを選んでもらったほうが、テストっぽくていいかもしれませんね。たとえば、

B　K　Y　O　A　N　H

といったリストの中から、1つ2つ好きな文字を選んでもらうのです。私の場合ですと、「Y」

か「N」が選ばれれば一安心、ということになるわけです。

もちろん、この心理テストにも科学的な根拠はあります。

カナダにあるウェスタン・オンタリオ大学のエティーン・レベルは、恋人がいる106名にお願いして、個々のアルファベットの文字について、9点満点で好ましさを聞きました。そして、恋人のイニシャルに当たる2つのアルファベットに何点をつけたのかを合計し、それを「暗黙のパートナー感情得点」としました。

また、レベルはそれとは別に相手との関係にどれくらい満足しているのかを聞いてみたのですが、暗黙のパートナー感情得点で、恋人への満足度を予測できることがわかりました。さらには、別れるかどうかも予測できることがわかりました。

恋人が大好きで、関係に不満を持っていない人は、自分でも知らないうちに、恋人のイニシャルのアルファベットに高い得点をつけてしまうのです。無意識にそうしてしまうので「暗黙の」という言葉が入っているわけです。

自分がどれくらい相手に好かれているかを判断する心理テストとして、ぜひこの原理を使ってみてください。

「そんなに好かれてないのかな?」と思っていた相手が、意外に、自分のイニシャルの文字を好きだったりして、「あれっ、ひょっとすると、私は嫌われていないのかも……」ということがわかったりして、面白いのではないかと思います。

第3章

一瞬で「印象」がよくなる心理法則

——なぜか好かれる人の「見た目」研究

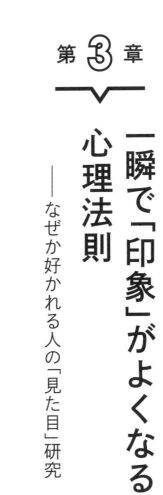

見た目の印象は、口元で決まる

コロンビア大学(USA)

読者のみなさんは、「人間の魅力は、見た目で9割決まる」という思い込みを持っていたりはしませんでしょうか。人間の価値は見た目がすべてだという誤った思い込みを持っている人は、少なくありません。

もちろん、見た目は大切ですよ。しかし、「9割」というのは、さすがに言いすぎです。とはいえ、パッと見の印象で好かれるかどうかが決まることも事実ですから、本章では、見た目をよくする方法を探っていきましょう。

まずひとつ目のアドバイス。

それは、毎食後、きちんと歯を磨くこと。ひとつ目ですから、これくらい簡単なところからスタートしました。さすがに読者のみなさんも、歯磨きは習慣的にしていると思いますから。

なぜ歯磨きが大切かというと、理由は、虫歯を予防するため。虫歯があると、歯が汚らしくなってしまい、魅力も落ちてしまうのですよ。

コロンビア大学のシェリー・グリードは、「歯がキレイであることは、本人の魅力を高めるであろうし、魅力が高くなると、収入も高くなるはずだ」という仮説を検証するための面白い研究を行っています。

グリードが調べたのは、子ども時代に、水道水の中にフッ素が添加される地域で育ったかどうか。日本では、公共の水道水にフッ素を添加することはありませんが、アメリカでは虫歯予防のために水道水にフッ素が添加される地域もあるのですね。

グリードによると、水道水にフッ素が添加される地域で育った子どもは、たしかに虫歯になりにくく、歯がキレイでした。そのため、そういう地域で育った女性は、フッ素添加のない地域で育った女性に比べ、収入も4%ほど多かったそうです。

男性では、そういう差が見られなかったので、「女性は、特に歯をキレイに」ということを心がけるといいかもしれません。もちろん、男性だって、歯が美しいほうがいいに決まっているので、食後の歯磨きはきちんとやりましょう。

きびきび動いて「快活なイメージ」戦略を

ウェスタン・シドニー大学(オーストラリア)

行動をとるときには、きびきびとした動作を心がけましょう。階段をのぼるときには、ポンポンポンポンと駆け上がるといいですね。気力や体力が、ありあまってしかたがない、というイメージを人に与えるのがポイントです。

外を歩くときには、当然、人の目に触れるわけですから、のそのそ、トボトボと歩いていてはいけません。颯爽と歩くようにしてください。自分がモデルか何かになったようなつもりで歩くといいですよ。

ウェスタン・シドニー大学のピーター・ジョナサンによりますと、快活であればあるほど、長くお付き合いしたい対象に選ばれやすくなるそうです。快活というのは、明るくて、元気いっぱいという意味です。

快活な人は、見ている人まで元気になるような気にさせてくれますし、幸せにさせてくれるので、好ましく評価してもらえるのですよ。

スーパーやデパートで働く店員さんも、ハキハキ、キビキビしている人のほうが、お客さまから好感を持ってもらえますよね。

「ちょっといいですか」とお客さまから声をかけられたとき、パッと花が開くような笑顔を見せ、「ハイッ！」と元気な返事をして走ってきてくれる店員さんを嫌う人は絶対にいません。

「店員さん、いいですか？」と声をかけられたとき、物憂そうに顔を上げ、「なんですかあ〜？」と間延びした返事をし、のそのそ歩いてくるような店員さんのお店では、だれも買い物をしたくありません。

おそらく、ほとんどのお店の接客マニュアルに「とにかく明るく、元気いっぱいに振る舞うこと」と書かれていると思われるのは、快活なイメージを振りまくほど、好ましい印象を与えることを経験的にわかっているからでしょう。

読者の中には、「朝っぱらから、そんなに元気な姿を見せられないよ」ですとか、「一日中、テンションを上げていられないよ」と文句のひとつも言いたい人がいることは重々承知しているのですが、せめて人の目に触れるようなときには、元気いっぱいに振る舞ってください。

ちょっと体調が悪いかなと思っても、元気いっぱいなところを見せるのです。根性です。もちろん、人の目に触れないところでは、死んだような顔をしていてかまいませんので。

ディズニーワールドのキャストのみなさんは、パーク内に出るときには、気分を「オン」にしてから仕事を始めるそうですが、これは真似したほうがいいですね。人の目に触れるときには元気スイッチを「オン」にして、いないところで「オフ」にすればいいのです。

元気に階段をのぼって
印象アップ！

日焼けするだけで健康的に見える

メルボルン大学（オーストラリア）

世界的なコロナウイルスのまん延により、「外出自粛」という言葉が当たり前のように使われるようになりました。コロナの感染は生命にかかわりますから、不要不急の外出を避ける必要があることは言うまでもありませんが、魅力を高めるということからすれば、少しは外に出てお日さまの光を浴びる必要があります。

なぜお日さまの光を浴びる必要があるのかというと、自然な日焼けができるため。軽く日焼けしておくと、魅力のほうもアップするのです。

日焼けしていると（あくまでも適度に）、健康的で、エネルギーにあふれているように見えるので、それが魅力を引き上げる働きをするのです。ちょっと外に出るだけで、勝手に魅力が水増しできるのですから、こんなに簡単な方法もないですよね。

オーストラリアにあるメルボルン大学のマリタ・ブロードストックは、2人の男性モデルと、2人の女性モデルの写真を見せて、どれくらい健康的に見えるか、どれくらい魅力

中程度の日焼けは魅力を引き上げる

	日焼けなし	軽く日焼けしている	中程度に	真っ黒に
健康的だと思う	38.1%	56.8%	60.6%	44.5%
魅力的だと思う	38.0%	56.5%	60.6%	45.6%

(出典:Broadstock, M., et al.,1992)

的だと感じるのかを聞いてみました。ただし、画像は加工されていて、肌の焼け具合についてはいくつかの条件を作りました。その結果を上に示しましょう。

まったく同じ人物でも、日焼けの具合で魅力がずいぶんと異なることがわかりますね。結論から言いますと、軽く、あるいは中程度に日焼けしている人を見ると、「魅力的だと思う」と答える割合がぐっと増えます。

外に出ないで青白い肌をしていると、「この人、大丈夫なのかな？」と思われてしまうのか、魅力はあまり感じさせません。逆に、日焼けサロンにでも通っているのかというくらいに黒すぎても魅力は下がります。あくまで、ほどほどに日焼けするのがコツです。そして、ほどほどに日焼けするには、毎日、ちょっと外を散歩するとか、タクシーに乗らずに徒歩で目的地に向かうとか、その程度のレベルの生活を送っていれば、だれでも自然な日焼けができます。

信用される服装と雑な扱いをされる服装の違い

ロンドン大学（イギリス）

どんな服を着るかで、その人の印象はかなり変わってきます。人に好かれたいのであれば、いつでもきちんとした服装を心がけましょう。といっても、高い高級ブランドの服を買ってきなさい、というわけではありません。高級品はたしかに魅力を高めますが、お金もかかりますので、とりあえずは清潔感があり、フォーマルな服装であれば十分です。

ロンドン大学のエイドリアン・ファーンハムは、男女10人に5パターンの服装をさせて写真を撮らせてもらい、それを201名の大学生に見せて印象を尋ねました。なお、モデルの職業は歯医者と弁護士ということにしておきました。

その結果、男性はフォーマルな服装が一番好まれました。評価が悪いのはカジュアルな服装でした。モデルの職業が歯医者と弁護士と紹介していたこともあったのでしょうが、フォーマルな服装をしていたほうが、「きちんとした人」「信用できる人」「しっかりした人」という印象を与えるので、好ましく評価されたのです。男性はいつでもフォーマルな服装をしていたほうがいいですよ。

会社によっては、「カジュアル・デー」が設けられているところもありますよね。普段着でリラックスして仕事に励んでほしいという計らいなのかもしれませんが、読者のみなさんはきちんとシャツとスラックスを身につけましょう。半袖と短パンでは、魅力を感じてもらえませんから。

なお、ファーンハムの実験では、女性はフォーマルな服装とカジュアルな服装の差がそんなにありませんでした。女性は、清潔感があれば、カジュアルな服装でもある程度は大丈夫なのかもしれません。ただし、他の実験では、女性でも、**スカートをはいていたほうが、ジーンズのときに比べて「雑な扱われ方をしない」**ということが示されています。

米国ニューヨーク州ニューロシェルにあるアイオナ大学のジョン・マロッツィは、道端に自動車を止めて、さも故障したかのようにボンネットを開けて困っている様子を見せるという実験をしたことがあるのですが、自動車の隣に立っている女性がブラウスとスカートの服装のときには、やってきた車がすぐに止まって助けてくれたのに、同じ女性がTシャツとジーンズのときには、なかなか止まってくれなかった、という結果を報告しています。

やはり、男性も女性も、きちんとした服装をしておくのが無難ではないでしょうか。

身につけた人の魅力を一気に引き上げる色は？

ロチェスター大学（USA）

芸能人やタレントではない、ごく普通の読者のみなさんにとっては、「赤い色の服」は派手すぎてハードルが高いと思うのですが、もし勇気を出せるのであれば、赤のシャツ、赤のジャケット、赤のドレスに挑戦してみるのもいいかもしれません。

なぜでしょう。その理由は、赤色は、身につけている人の魅力を一気に引き上げる魔法のカラーだということがいくつもの研究で明らかにされているからなのです。

米国ロチェスター大学のダニエラ・カイザーは、大学のイヤーブックに載っていた女性の写真を使い、その女性が、赤のTシャツ、あるいは緑のTシャツを着ているように見える合成写真を作りました。それを男子大学生に見せて魅力を尋ねると、男性は赤のTシャツの女性に好意を抱くことがわかったのです。

2つ目の実験で、カイザーは赤のシャツと青のシャツでも実験をしましたが、結果は同じでした。**赤は、強烈な〝モテ色〟**だったのです。

「でも、それって、女性のお話でしょ? 男性が赤の服を着ていたら、さすがに派手すぎると思うんだけど……」と思う読者もいらっしゃるでしょうね。

ところが、男性でも、やはり赤色を身につけていると魅力的に見えることが確認されています。

ロチェスター大学のアンドリュー・エリオットは、男性でも赤だけが突出して魅力を高め、女性からのウケがよい色であることを確認しています。エリオットは、白色、灰色、緑色などと比較しましたが、赤色の男性が一番好まれました。

なぜ、赤色の服装の男性がモテるのでしょうか。

その理由は、**「高い地位」を連想させる**からではないか、とエリオットは推測しています。たしかに戦隊ヒーローもののテレビ番組や映画では、真ん中にいるリーダー役といえば、たいてい「レッド」。赤は強い色であり、高い地位を連想させるというのもうなずけます。そして、女性は高い地位の男性を好むのです。

「いやあ、そうはいっても、赤はちょっと……」という人もいるでしょうね。

実をいうと、私もなのです(笑)。心理学的に、赤色を着ていれば魅力的に見えることはわかっているのに、どうしても自分では赤色を着る勇気が持てません。

では、次点としておススメの色はというと、こちらは「黒」になります。

英国リバプール大学のクレイグ・ロバーツは、10名ずつの男女に6枚の色違いのTシャツ（赤、黒、青、緑、黄、白）を着てもらった写真を30名の異性に見せて、10点満点で魅力を尋ねてみました。すると、男女ともに一番人気は赤でしたが、黒も同じくらい好まれることがわかったのです。男女差はありませんでした。男性も女性も、黒の服の人を好ましく思うのです。

というわけで、赤はちょっとハードルが高いという人は、黒をメインカラーにして服装選びをしてみてください。きっと好ましく思われるはずですから。

格闘家が赤を選ぶ理由

国立高雄師範大学（台湾）

赤は、魅力を引き上げてくれるとても素晴らしい色です。したがって、持ち物もやはり赤がおススメになります。洋服で赤を着るのは抵抗がある人でも、持ち物であれば、そんなに抵抗がないのではないでしょうか。

台湾にある国立高雄師範大学のハンユー・リンは、「ノートパソコン」を対象にして実験をしてみました。事前のテストでごく普通の魅力と評価された女性が、ノートパソコンを持っている写真を使って、何色のノートパソコンを手に持っていれば魅力的に見えるのかを調べてみたのですね。

リンは、赤、黒、シルバー、青の4種類のノートパソコンの色で実験してみたのですが、赤のノートパソコンを持っているときだけ、女性の魅力がアップすることがわかりました。他の3つの色ではダメでした。魅力アップ効果を発揮したのは、赤色だけだったのです。

というわけで、普段の持ち物には、できるだけ赤が入ったものを選びましょう。

赤いカバン、赤い手帳、赤いクリアファイル、赤のネクタイ、赤い靴、赤いハンカチ、赤いスカーフなどなど、ほんのちょっとでもいいので、赤色を含めるのがポイントです。

メインカラーは、黒やブラウン、ベージュなど、落ち着いた色でまとめて、一部にだけ赤を入れましょう。ほんの一部に使う色のことを「差し色」と呼ぶのですが、赤を差し色に持ってくるとよいですよ。それくらいの使い方であれば、赤であっても、そんなに派手派手しい感じにはなりませんから。

車が好きな人であれば、スポーツカーといえば真っ赤なスポーツカーを、すぐに頭に思い浮かべるのではないかと思います。では、真っ赤なスポーツカーに乗っている人は、いったいどんな人でしょうか。これまた、面白いことにすぐに頭に思い浮かぶのは、とても魅力的な人なのではないでしょうか。赤の魔法というのは、非常に強力なのです。

ちなみに、赤は魅力を高めるだけでなく、「パワーカラー」としても知られています。本人の魅力だけでなく、**「さあ、やるぞ！」「負けないぞ！」という気持ちを鼓舞する心理効果もある**のです。

「燃える闘魂」と呼ばれたアントニオ猪木さんは、真っ赤なマフラータオルを好んで身につけていました。「闘魂」というイメージには、やはり赤でないとそぐわないからです。

プロゴルファーのタイガー・ウッズも、大会では赤のシャツやパンツを好んで身につけていました。

「最近、ちょっとやる気が出ないな……」という人は、赤をうまく使うといいことも覚えておいてくださいね。

「パワーカラー」でやる気を高める

ギターケースを持ち歩いているだけで、ナンパの成功率は高まる

南ブルターニュ大学（フランス）

見出しを読んで、「いきなり何を言い出すんだ、この人は？」とあっけにとられた読者がいるかもしれません。

けれども、音楽的な才能があることは、魅力アップに大いに役立つのです。考えてみてください。ピアニスト、バイオリニスト、ギタリストといえば、何となくモテモテのイメージがありませんか。この「何となくのイメージ」は、科学的にも正しい事実であることが判明しています。実際、音楽のできる人はモテることが証明されています。

フランスにある南ブルターニュ大学のニコラス・ゲガーンは、フランスの中程度の都市（人口7万人以上）の通りを、1人で歩いている若い女性300名に声をかける実験をしています。声をかけるのは、20歳の男性アシスタント。彼は、14名のアシスタント候補の男性の中で、一番魅力が高いと評価された人です。

アシスタントは、「いやあ、素敵な人だ。ぜひあなたとお話ししたいのですが、今日の

ギターケースとスポーツバッグ、持っててモテるのはどっち？

	ギターケース	スポーツバッグ	何も持たない
連絡先を教えてくれた割合(%)	31%	9%	14%

(出典:Guéguen, N., et al., 2014)

午後はちょっと僕のほうに用事があるので、あとで電話をかけさせてください。あなたの連絡先を教えてもらえませんか？」と声をかけることになっていました。そして、何人の女性が連絡先を教えてくれるのかを測定してみたのです。

ただし、ここでちょっとした実験的操作がなされました。男性は、❶ギターケースを持つ、❷黒の大きなスポーツバッグを持つ、❸手に何も持たない、という3つの状態で100人ずつに声をかけることになっていたのです。ちなみに、最後の条件は、比較のための条件でコントロール条件と呼ばれています。

では、気になる結果はいかに。実際の数値は、上の表のとおりです。

ギターケースを持っているだけで、同一人物でも、いきなり好印象を与えるのか、連絡先を教えてくれる人が、他の条件に比べて2倍以上もアップしたことがわかりますよね。

そういえば私の学生時代を振り返ってみても、バンドをやっていて、いつでもギターケースを持ち歩いている友人は、やたらとモテていたような記憶があります。友人は、ゲガーンの研究を知っていたわけではないのでしょうが、自分でも知らないうちに魅力を高める戦略をとっていたことになります。もちろん、その友人は性格もよかったのでモテたのかもしれませんが。

スポーツマンより
ミュージシャンのほうが好印象

ダンスを覚えて、視線を集める

ゲッチンゲン大学（ドイツ）

2024年のフランス・パリオリンピックから、ブレイキン（ブレイクダンス）が新種目の競技として正式に採用され、ニュースになりました。これをきっかけに、ブレイキンの人気が高まるかもしれません。

さて、先ほど「音楽の能力が高そうに見えると、魅力がアップするんですよ」というお話をしましたが、音楽の能力といえば、楽器を演奏するだけでなく、リズムに乗って身体を動かすダンスもあります。こちらについても、同じような魅力アップ効果は期待できるのでしょうか。

結論からいえば、「イエス」。ダンスのうまい人も、やはりモテます。

ドイツにあるゲッチンゲン大学のベティーナ・ウィージは、2人の男性が並んでダンスをしているビデオを作り、それを50名の女性に見てもらいました。ビデオを見るときには、どこに視線を向けているのかを調べる「アイトラッキング」という装置（視線追跡装置）

をかぶってもらいました。

なお、ダンサーの2人のうち、片方は非常にダンスがうまいのですが（動きが大きく、全身の動作のバリエーションも豊富）、もう片方は、そんなにうまくない（動きは小さく、動作のバリエーションも少ない）という条件設定がなされました。

その結果、女性は、ダンスのうまいほうの男性ばかりを注視し、ダンスがヘタなほうにはあまり視線を向けないことがわかりました。実際の数値でいうと、うまいダンサーを見つめる時間は5365・95ミリ秒、ヘタなダンサーを見つめる時間は2944・53ミリ秒と、かなりの差がついたのです。

また、ビデオを見てもらった後で、魅力と、男らしさの評価もしてもらったのですが、やはりというか、ダンスのうまい人のほうが、どちらの評価も高くなりました。

楽器の演奏ができない人は、身体を動かすダンスのほうでもいいですよ。ダンス・スクールに通うのもいいですし、独学でも、動画やDVDを使いながらある程度はいけるかもしれません。何か新しい趣味を始めてみようかな、とお考えの人は、楽器やダンスをおススメします。どちらも絶対に楽しいですし、ついでに魅力もアップできるという、おいしい「おまけ」がついてきます。

「筋肉をつけるほどモテる」は大間違い

カリフォルニア大学ロサンゼルス校（USA）

多くの男性は、若いときにはスリムなのに、中高年を迎えるころには、暴飲暴食がたたって、かなりお腹が出てきてしまうものです。

お腹が出ていて、ぽっちゃりでも、好かれる人は好かれますが（マツコ・デラックスさんや渡辺直美さんや石塚英彦さんのように）、ものすごく一般論として言えば、やはりスリムなほうが圧倒的に好かれる確率は高まります。したがって、本書では、「スリムなほうが正解」ということにしておきましょう。

では、どうすればスリムになれるのかというと、食事制限もいいですが、特に男性は運動することをおススメします。なぜなら、運動するようになると、筋肉がつくからです。筋肉質になり、逆三角形の体型になると、女性にもモテます。

ただし、運動すると言っても、ボディビルダーになるわけではないので、ほどほどのところでけっこうです。何時間も筋肉に負荷をかけたりしてトレーニングする必要はありません。プロテインも摂取する必要はありません。ほどほどに鍛えていれば十分だと思われます。何事も、やりすぎはいけません。

多くの男性は、「女性は、きっとムキムキのマッチョな男性を好むんだろうな」と思い込んでいるものですが、この思い込みは残念ながら「ハズレ」。女性は、そんなにムキムキの男性を好むわけではありません。ほどほどでいいのです。

カリフォルニア大学ロサンゼルス校のデビッド・フレデリックは、上半身裸の男性モデルの画像を加工して、見事な逆三角形で、筋肉がムキムキの写真と、ヒョロヒョロで貧相な身体の写真を段階的に6種類作ってみました。

その写真を141名の女子大学生に見せて評価してもらったのですが、あまりに筋骨隆々の男性も、あまりに貧相な男性も、どちらも魅力を感じさせないことがわかりました。

女性が好むのは、あくまでも中くらいの体型。普通くらいの体型が、一番魅力的なのです。

普通の体型を維持するだけでいいのなら、運動といっても、そんなに激しくやることはありません。何キロか走るとか、歩くだけでもよいでしょう。

腕立て伏せや腹筋も、何百回もやる必要はありません。10回とか、20回とか、そのレベルでかまいません。

逆に、激しい運動で鍛えすぎてしまいますと、これまた魅力を減じる結果になってしまいますから、むしろやりすぎないくらいでいいのです。

筋トレのやりすぎは魅力減

男性が気になる、あちらの大きさ

オーストラリア国立大学(オーストラリア)

「女性は、マッチョな男性が好きに違いない」という男性の勝手な思い込みには、まったく根拠がない、というお話をしました。女性は、ごく普通くらいの筋肉があれば、それで十分ですし、そちらのほうが理想のようです。

同じような、一般に流布している誤った思い込みに、「ペニスの大きさ」もあります。「女性は、あちらも大きな男性のほうが好きなはず」と思い込み、自分のペニスの大きさを嘆いたりしているわけですが、そんな些細なことで思い悩む必要はありません。この思い込みにも根拠がない、というか、実際には間違いであることが確認されているからです。

男性は、自分のペニスの大きさを誇示するために、股間にプロテクターのようなものをつけたりすることがあります。男性モデルや俳優さんは、そういうものを身につけて撮影に臨むこともあるという話も聞きます。それだけおちんちんの大きさが気になるのが男性のホンネなのでしょうが、これは間違い。

オーストラリア国立大学のブライアン・マウツは、いろいろと体型の異なる男性の裸のイラストを作りました。その際、ペニスの大きさは、5㎝、6・3㎝、7・6㎝、9・0㎝、10・3㎝、11・5㎝、13㎝に設定しました。

そのイラストを105名の女性に見せて、魅力の評価をしてもらったのですが、魅力の評価は7・6㎝までは高くなるものの、そこでほとんど頭打ちになることがわかったのです。たしかにペニスが大きいほど魅力的とされましたが、ほどほどの大きさでもそんなに魅力は変わりません。

また、ペニスの大きさだけが純粋に関係しているのではなく、身長や体重も関係している可能性があると、マウツは指摘しています（身長についてはこの後取り上げます）。

一般的に言うと、身長が高く、大柄な体型の人のほうが、ペニスのほうも相対的に大きくなる傾向があります。つまり、女性が好きなのは、ペニスの大きさではなくて、身長のほうだったり、がっしりした体型だったりする可能性もあるのです。

この点についてはまだまだ検証していく余地が残されているわけですが、少なくとも、ペニスの大きさについては、「そんなに大きくなくとも大丈夫みたいですよ」ということは申し上げておきましょう。男性なら、気にしている人も多いと思いますので。

「3高」は、心理学的にも正しい

ヴロツワフ大学(ポーランド)ほか

かれこれ20年、いや30年くらい経つでしょうか、かつてはモテる男の代名詞として、「3高」という言葉がありました。今でもあるのか、今では変わってしまったのか、ちょっとその辺の事情はよくわからないのですが、ともかく、高身長で、高学歴、そして高収入であることを、「3高」と呼び、そういう男性はモテる、ということになっていたのです(少なくとも筆者の学生時代には、そう言われていました)。

3高のうち、高身長については、明らかな研究がありまして、身長が高い男性はたしかにモテるみたいですね。

ポーランドにあるヴロツワフ大学のアーミナ・サルスカは、2000名の個人広告(異性を募集する広告)を分析し、たしかに女性は高身長の男性を好むことがわかりました。逆に、男性は小柄な女性を好みました。

では、なぜ高身長であることが魅力を高めるのでしょうか?

サルスカは、高身長である人は、社会的地位も高く、高収入である可能性が高くなるからだろう、と解釈しています。高身長であることは、お金を稼ぐ可能性も高いということであり、女性はそういう男性を理想とするのではないか、というのです。

ちなみに、**背が高い人ほど、高収入である**ということも、たくさんの研究から明らかにされています。

フロリダ大学のティモシー・ジャッジは、８５９０名の身長と収入の関連性を調べてみたのですが、身長と収入にはきれいな比例関係があり、身長が１インチ（約２・５センチ）高くなるほどに、年収も７８９ドルずつ高くなりました。つまり、身長１８３センチの人は、身長１６５センチの人より、年収が４７３４ドル高く、30年間では何十万ドルも多く稼ぐ計算になる、というのです。

結局、高身長と高収入は、**「お金を稼ぐ能力」**ということではほとんど同一だといってよいでしょう。さらに言いますと、高学歴であることも、やはり高収入に結びついているので、実際には、「3高」という3つの要素ではなく、「お金を稼ぐ能力」という１つの要素でまとめてしまってもよいのかもしれません。

一番魅力的なバストのサイズとは

セントラル・フロリダ大学（USA）

一般的に男性は、女性のお尻と胸に魅力を感じるといわれますが、その大きさについていえば、「少し大きければよい」という感じだと思います。そんなにびっくりするほど大きくなくともよいのです。女性は、「大きければ大きいほどよい」と思い込んでいるようですが、男性のホンネとしては、「そんなになくともいいかなあ？」というのが本当のところでしょう。

セントラル・フロリダ大学のステイシー・タントレフ・ダンは、ある女性が職業選択について6分間話しているビデオを見せました。ただし、女性はブラジャーのカップに詰め物をして、胸の大きさをA、B、C、Dの大きさにしておきました。

ビデオを見たところで、人気などの印象を尋ねたのですが、男性からもっとも好印象を受けたのはCカップのとき。2番目に高得点だったのはBカップです。Dカップになると、得点は落ちてしまいました。男性は、胸はそんなに大きくないほうに魅力を感じるといえるでしょう。

女性は、胸が大きければ大きいほど高い評価をしました。巨乳であるほど好ましいと思ったのですね。おそらくは、「男性だって、大きな胸を好むはず」という思い込みのせいでしょう。

胸が小さいことに悩む女性がいるかもしれませんが、そんなに心配しなくてもよいのではないかと思います。BかCくらいで十分なのであり、女性の胸はそれくらいの人が多いのですから。

トリンプ・インターナショナル・ジャパン株式会社が女性1855名にブラジャーのカップを尋ねた調査では、Aカップが12・0%、Bカップが27・0%、Cカップが27・1%、Dカップが17・0%、残りがEカップ以上ということになったそうです。BカップとCカップに半分以上の女性が当てはまります。つまり、半数以上の女性は、胸の大きさについていうと、男性にとってはもう十分に魅力的なのです。女性には、安心できる調査結果ですね。

一番魅力的なヒゲの長さとは

クイーンズランド大学(オーストラリア)

もともとヒゲが薄い人は、どうやってもヒゲをたくわえることはできませんが、もしヒゲが濃いのなら、伸ばしてみるのもいいアイデア。

芸能人では、竹野内豊さんですとか、阿部寛さん、吉田鋼太郎さんなど、ヒゲをたくわえることで明らかに魅力をアップさせている人がいくらでも見受けられます。

「ヒゲは汚らしいので、毎日、きちんと剃ったほうがいい」と思う人もいるでしょう。実をいうと、私もそうです。しかし、心理学のデータは、「いえいえ、ヒゲも悪くありませんよ」ということを示しているのです。どちらを選択するのかは本人の自由ですが、「ヒゲも悪くない」ということは知っておいても無駄にはなりません。

オーストラリアにあるクイーンズランド大学のバーナビー・ディクソンは、20名の男性ボランティアにお願いし、まずはヒゲを完全に剃ってもらい、その状態で写真を撮らせてもらいました。それから絶対にヒゲを剃らないように指示し、5日間、10日間、4週間と、ヒゲが伸びたところでそれぞれに写真を撮らせてもらいました。

その写真をオンラインで募集した3805名の女性に見てもらい、魅力を尋ねてみると、一番魅力的なのは、「5日間ヒゲを伸ばした状態」。次が10日間でした。完全にヒゲを剃った状態と、完全に伸ばし切った状態は、どちらも不人気。ヒゲはあってもいいのですが、ちょっぴりでいいといえるでしょう。

では、体毛のほうはどうなのでしょうか。実は、ディクソンは、ヒゲだけでなく、胸やお腹の体毛についても、同じように魅力の評価をしてもらったのです。体毛は、その濃さに応じて、「とても薄い」「薄い」「普通」「濃い」という4段階を設定しました。すると体毛については、「とても薄い」と「薄い」がもっとも好まれ、「濃い」が一番不人気でした。

ヒゲはちょっぴり伸ばすのがよく、体毛については、あまり伸ばさないか、濃いようなら剃ったほうがよいかもしれません。ただし、体毛のほうについていえば、普段は洋服を着ているので、あまり人に見られることもなく、それほど気にする必要もないのかな、と思います。

「背が高く落ち着いて見える」坊主頭の効果

ペンシルベニア大学ウォートン校（USA）ほか

髪の毛が薄いことに悩んでいるのなら、思い切って坊主にしてしまうか、きれいに剃ってスキンヘッドにしてしまうのはどうでしょう。せっかくの髪の毛を短くすることには抵抗があるかもしれませんね。しかし、中途半端な薄毛でいるよりは、坊主頭やスキンヘッドのほうが、間違いなく他の人たちからは「カッコいい」と思ってもらえます。薄毛はカッコ悪くとも、坊主頭はカッコいい、になるのです。

ペンシルベニア大学ウォートン校のアルバート・マンズは、それを実証する研究を行っています。

マンズによると、髪の毛がフサフサの男性より、髪の毛を完全に剃り上げてしまった男性のほうが、「男らしい」という評価が高くなったそうです。しかも、スキンヘッドにすると、なぜか「背が高く見える」というおまけもついてくるようです。身長が少しでも高く見えたほうが、それだけ魅力的に見えることはすでに述べましたよね。

「えい!!」と薄毛をやめる決心をし、坊主頭やスキンヘッドにすると、もうひとつ別のおまけもついてきます。それは、「年上に見える」という効果。

米国オールド・ドミニオン大学のトーマス・キャッシュは、35歳以下で、ハゲている男性と、髪の毛がフサフサの男性を9人ずつ（どちらのグループも平均年齢は一緒）、35歳以上で、ハゲている男性と、フサフサの男性を9人ずつ（やはり平均年齢は一緒になるようにしました）集めて写真を撮らせてもらいました。

その写真を多くの人に見せて、「この人は、いったい何歳に見えますか？」と尋ねてみました。すると、35歳以下のグループでは、ハゲていると33・0歳に見え、フサフサだと27・5歳という結果になりました。35歳以上では、ハゲていると44・6歳に見え、フサフサだと40・0歳です。

髪の毛がないと、なぜか年上に見える、ということがわかりますね。年上に見えるということは、「落ち着いて見える」「成熟した人に見える」ということですから、決して悪いことではありません。しかも、女性は何歳か年上の人が好きなのですよ。

薄毛に悶々と悩んでいるくらいなら、いっそのこと短くしてしまいましょう。そのほうが気分もスッキリするでしょうし、周囲の人たちからの評判も高くなるに違いありません。

髪の色と声をかけられる回数の相関関係

ウェストミンスター大学（イギリス）

今では、男性も女性も、いろいろな色に髪の毛を染めていますよね。「日本人は、黒髪でなければ、いかん！」という古い考えの人は、ほとんどいないのではないかと思います。相当に保守的な人ですと、黒髪以外は認めないということになるのかもしれませんが。

さて、髪の毛の色でいうと、どんな色がいいのでしょうか。

残念ながら、日本人を対象にした好ましい髪色の研究を見つけることができなかったので、欧米のものをご紹介しておきます。

ウェストミンスター大学のヴィレン・スワミは、女性アシスタントを3つのナイトクラブに送り込みました。どれくらいナイトクラブの男性客が声をかけてくるかを調べる実験です。

女性アシスタントが1つのお店に滞在する時間は1時間。もし男性に声をかけられたら、「ごめんなさい、人を待っているの」と体よく断ることになっていました。声をかけられ

女性の髪色でナンパされる率が高まる

	ブロンド	ブルネット	赤
ナイトクラブ1	26人	16人	4人
ナイトクラブ2	15人	12人	8人
ナイトクラブ3	19人	14人	6人
合計	60人	42人	18人

*数値は1時間に声をかけてきた男性客の数

(出典:Swami, V. & Barrett, S., 2011)

るたび、こっそりと人数をカウントしていったのですね。

この実験の目玉は、女性アシスタントが髪の毛の色を変えて出かけたことです。プロのヘアスタイリストが2週間の間隔をあけて、ブルネット（褐色から黒）、ブロンド、赤い髪の3つの髪色にしました。では、彼女の魅力に惹きつけられ、声をかけずにはいられなかった男性の人数はどのようになったでしょうか。

上表の合計の数値を見てもらうのがわかりやすいと思うのですが、どうもイギリス人男性は、ブロンド、あるいはブルネットあたりを好むようですね。

同じ人でも、髪色によってこれだけ異性を惹きつける力が変わってくるのですから、髪色についても、多少のこだわりは持たなければなりません。といっても、何色がいいのか、私はヘアカラーの専門家ではありませんので、「この色がいいよ」とおススメはできません。

個人の肌ツヤや、顔だちによっても好ましい髪形や髪色は異なってくると思うので、お洒落に詳しい友人に聞いたり、美容師に相談したりして、自分にピッタリの髪型と髪色を見つけ出しましょう。

脚の長い人は本当に好まれるのか

ヴロツワフ大学(ポーランド)

少女漫画に出てくるイケメンの主人公は、信じられないくらいにスラリと伸びた脚で描かれていいます。あれは、女性の理想の投影なのでしょうか。女性は、脚の短い男性には、まったく興味を持たないのでしょうか。いえいえ、そんなことはありません。実際の女性はもっと現実的に判断してくれますので、男性諸氏は何も心配することはないのです。

ポーランドにあるヴロツワフ大学のピョートル・ソロコウスキは、五大陸27か国の3103名の大学生(男性1571名、女性1532名)を対象に、面白い実験を行っています。

どんな実験かというと、7名の男性と7名の女性のシルエットを見て、魅力の判断をするというもの。ただし、シルエットは、脚の長さが7段階で変えられていました。脚の長さが魅力にどう影響するのかを調べてみたのですね。

では、どんな結果になったのかというと、調査対象の27か国「すべて」で、男女ともに、ほぼ変わらない結果になりました。脚が極端に短い人も、極端に長すぎる人も、どちらも嫌われたのです。

一番人気の脚の長さは、7段階のシルエットでは、4か5の長さ。つまりは、ごくごく平均的な脚の長さが一番魅力的に見えたのです。これは、男女どちらもそうでした。

女性のモデルの中には、8頭身どころか9頭身くらいの、美脚の持ち主がいたりしますが、男性の全員がそういう女性を好むのかというと、そんなこともありません。やはり、ごく普通の脚の長さのほうが好ましい印象を与えるようです。

もちろん、短いのはあまりよい印象を与えませんので、できれば少しだけ長く見えるような服装を心がけてください。

もともと脚が短い人が、七分丈のズボンをはいたりすると、余計に脚が短く見えてしまいます。股上を深くするとか、あるいは七分丈のズボンでなく、スラックスにし、靴のかかとにかかるくらいに、少し長くしたほうが、脚が長く見えます。

そうそう、シャツも、外に出しておくと脚が短く見えてしまいますので、ズボンの中にしまうようにして、腰の高い位置でズボンをはくようにしたほうが脚が長く見えることも覚えておいてください。

顔の傷は男の勲章？

リバプール大学（イギリス）

学生の頃に、ラグビーですとか、サッカーですとか、アメフトのような激しいスポーツをやっていると、どうしても顔に傷痕が残ってしまうことがあります。

何年も経っていれば、肌が少しくぼんで見えるくらいになり、そんなに気にしなくともよくなるものですが、そうはいっても本人にはとても気になるでしょう。

私の顔にも、小さくてわかりにくいのですが、傷痕があります。スポーツでできたものではなく、小さな頃に、一歳年上の姉とケンカをして、爪で引っ掻かれてできたという、まことに情けない傷痕です。

こういう傷痕は、美容整形などで消したほうがいいのでしょうか。顔は、特に印象形成で重要なパーツですし、できるだけキレイに見せたほうがよさそうな気もします。

ところが、「いや、スカーフェイス（傷痕のある顔）は、むしろ魅力をアップさせる可能性さえあるんですよ」と指摘する心理学者がいます。英国リバプール大学のロバート・

バリスです。

バリスは、24名ずつの男女の写真を撮り、その写真をデジタル加工して、顔に小さな傷をつけてみました。それから魅力を評価してもらったのです。

すると、ちょっとした顔の傷は、むしろ魅力を高めることがわかりました。ただし、これは男性の顔だけです。女性の顔には、傷がないほうが魅力は高くなりました。

なぜ男性だけが、傷があると魅力がアップしてしまうのか、断定的なことはまだ言えないのですけれども、「男らしさ」のようなものを高めるからかもしれません。

ヤクザ映画や、高校生のヤンキーや不良が出てくる映画でも、登場人物の中には、顔に傷痕がつけられている人物が出てきたりして（もちろんメイクさんがつけるのでしょうけれども）、意外に好ましく評価されているように思います。男性にとっては、ちょっとした傷が勲章のような働きをするのかもしれません。

もちろん、だからといって、自分でわざわざ自分の顔に傷をつけてはいけません。そんな自傷行為をしなくとも、きれいな顔だちであるなら、それは大切に保持しておいたほうがいいですよ。

魅力を高める小道具を使う

ゲント大学（ベルギー）

ハードボイルド作品で有名な作家の北方謙三さんの作品には、タバコやお酒の描写が頻繁に出てきます。タバコを吸い、お酒を飲む男性の姿は、その男性の魅力を高める小道具として、非常に有効なので、よく使われるのでしょう。

ベルギーにあるゲント大学のエヴェリン・フィンケは、タバコもお酒も健康に悪いことはだれでも知っていることなのに、それでも若い男性がタバコやお酒に手を出してしまうのは、それらの小道具によって女性にモテようとしているからではないか、と推測しています。

タバコもお酒も、最初はどちらもまずくて口にしたくないものです。けれども、「女性にモテる」と考える若い男性は、そのまずさを我慢して、タバコとお酒を少しずつ覚えるのです。けなげな努力をしているのですね。

フィンケは、239名の女性に、ある男性のプロフィールを読ませました。プロフィールには、男性の趣味としてスポーツや勉強のことなどが載せられていましたが、「タバコとお酒」についての記述もあり、「まったくやらない」「時々やる」「頻繁にやる」という箇所だけを変えて、その魅力を尋ねてみたのです。すると、上のような結果になりました。

タバコとお酒は男性の魅力を高める

	やらない	時々	頻繁
タバコ	4.31	4.83	4.98
お酒	4.04	4.04	5.17

*数値は、7点満点で測定した魅力　(出典:Vincke,E, 2016)

数値を見ると、タバコもお酒も、男性の魅力を高めるのに役立っていることがわかります。

若い男性が、つい背伸びをしてタバコやお酒をやってしまうのは、純粋にタバコやお酒の味がおいしいと感じるからというより、むしろ異性に「モテたい」という気持ちのほうが強いからです。

読者のみなさんが勘違いしないように念を押しておきますが、私は何も、タバコやお酒を覚えなさい、とアドバイスしているわけではありません。どちらも健康を害することが明白であり、覚えないですませられるのであれば、覚えないほうがいいものです。

一応、心理学では、「こういうことまで研究しているんだよ」ということをお話しするためにご紹介しただけですので、ムリにタバコやお酒を覚えなくともかまいません。

タバコやお酒に頼らずとも、他にも、たくさん魅力を高める方法はありますので、わざわざ健康を害するというデメリットのある方法ではなく、他の方法にすればいいだけです。

なぜワルがモテるのか

アムステルダム大学（オランダ）

未成年者なのにタバコを吸ったり、お酒を飲んだり、盗んだバイクを乗り回したりするのは、当然ながら法律違反。こういうルール違反をする人は、意外にモテてしまうのですが、どういうメカニズムでそうなるのでしょうか。

可能性のひとつは、「パワー（権威、権力、地位など）がある人だ」と思われるから。パワーがある人は、ルールを無視することができます（もちろん、ある程度までですが）。つまり、ルールを無視することが、その人にパワーがあることを示すことにつながるのです。そして、女性は、パワーのある男性を好むのです。

会社でいうと、偉い立場の人ほど、ルールを無視しますよね。持ち出し禁止のファイルを勝手に自宅に持ち帰ったり、会社の備品を私物化したり、勤務時間中に私用電話をかけたりしても、ある程度はお目こぼししてもらえます。

つまり、ルールをきちんと守っているということは、「立場が弱い人」という意味でもあり、ルールを破ることができる人は、そういうことが許されている人、つまり「立場が上の人」というアピールになるのです。

オランダにあるアムステルダム大学のガーベン・バンクリーフは、「他人のコーヒーを勝手に飲んでしまう」といった、ルールを無視して傍若無人な振る舞いをする人のシナリオと、そういう振る舞いをしない人のシナリオを作り、「どのくらいパワーがあると思いますか?」と尋ねてみました。

なお、パワーは、「意志力がある」「力強い」「リーダーシップがある」「人をコントロールできる力がある」などの項目を合計して測定しました。

その結果、ルール違反をする人は、パワーの評価（7点満点）で4・77点と評価され、ルールを守る人は3・45点と評価されました。

ルールを無視していると、パワーがある人だと思ってもらえるのですね。

バンクリーフは、さらに別の研究で、脚をテーブルの上に乗せていると（マナー違反です）、同じようにパワーがあるという印象を与えることを明らかにしています。

不良が意外にモテてしまうのも、学校や社会のルールを守らないことが、女性にとっては、パワーのある男性のように見えるからでしょう。

「力強さ」を印象づける振る舞いのコツ

ロンドン大学(イギリス)

女性は、パワーのある男性を好みます。では、どうすれば「パワーのある男」を演出できるかというと、あまりにきちんとしすぎないことです。

服装でいうと、きっちり首元までネクタイを締めるのではなく、少しだけ緩めてだらしなくするのです。椅子に座るときには、きちんと両脚をそろえて座るのではなく、やや開き気味にするのです。だらしなくすることは、マナー違反ではあるものの、少しだけであれば何とか許してもらえるでしょう。

人と話すときには、できるだけ落ちついた声で話すのがマナーですが、少しだけ大きな声を出すのです。そのほうが強そうに見えます。

ロンドン大学のゴルカン・アフメトールは、ある男性が他の2人の男性とおしゃべりしているビデオを作成しました。なお、左右2人の男性はフレームアウトしていて、正面の男性だけを評価してもらうことにしました。

正面の男性は、同じようにおしゃべりするのですが、撮影は3回行われ、そのたびに姿勢を変えました。

パワーを感じさせない、弱々しい男バージョンでは、脚を閉じてきちんと座り、身体も動かしませんでした。パワーを感じさせるバージョンでは、腕をソファに伸ばし、脚も開いて座りました。さらに強くパワーを感じさせるバージョンでは、腕を伸ばし、脚を開いて座り、さらに頻繁に身振りを加え、フレームから切れている男性のほうに手を伸ばしてポンポンと叩いたりしました。

このようにパワーの身振りを3段階に変化させて印象を尋ねてみたのですが、パワーがあるように振る舞えば振る舞うほど、女性に感じさせる魅力もそれだけ増大することがわかったのです。

あまりにきちんとしすぎていると、女性には魅力を感じさせません。

アフメトールの論文のタイトルは、「素敵な男（ナイスガイ）は、女性に好まれるのか？」というものですが、結論からすると、「好まれない」のです。マナーを守らないというか、悪ぶっているというか、ちょっぴり傍若無人な振る舞いをしたほうが、パワーを感じさせて、女性には好まれるようですね。

高評価を得る車選び

カーディフ・メトロポリタン大学（イギリス）

大昔の人は、洞窟の外に自分が仕留めた動物の皮などをぶら下げて、自分の力を誇示しました。「僕はこんなに強いんだぞ」と。「だから僕と結婚するといいよ」ということを女性に見せるためです。女性は女性で、そういう男性なら、きちんと自分と子どもを養ってくれることが保証されているので、安心して結婚できました。

時代は変わりましたが、人間の中身はそんなに変わっていません。お金を持っていて、経済力がありそうな男性は、やはりモテるのです。

英国カーディフ・メトロポリタン大学のマイケル・ダンは、240名の男女（120名ずつ）に、男性と女性のモデルを見せて、その魅力を尋ねました。モデルは、男女ともに自動車に乗っている姿で撮影されていたのですが、乗っている自動車が違っていたのです。

ダンが用意したのは、ハイステータスの自動車として、ベントレーのコンチネンタルGT。ごく普通の自動車としては、フォードのフィエスタSTとしました。

その写真を見た人は、どのように評価したのでしょうか。

だいたい予想できると思いますが、男性がコンチネンタルGTに乗っているときには、10ものすごく魅力的と答えたのです。同じ男性がフィエスタSTに乗っているときには、10段階の魅力の評価で、1点以上も低く評価されてしまいました。

なお、女性モデルのときには、ハイステータスの自動車に乗っていても、普通の自動車に乗っていても、まったく魅力が変わりませんでした。

本書は、なるべく最小の努力で自分の魅力をアップする方法を指南するものですが、とにかくがむしゃらに働いて、とにかく高級車を手に入れる、という方法も悪くはありません。回りくどいやり方のように思われるかもしれませんが、とにかくお金を持っていると、それだけで男性はモテるようですからね。

魅力を高めるだけの出費としては、高級車はちょっと痛いと感じるかもしれませんが、ハイステータスの自動車に乗っていると、「こんなに素晴らしい自動車に乗っている自分も素晴らしい人間なんだ」という思い込みが強化され、自分に自信を持てるようにもなります。一石二鳥ですね。

豪華なマンションに住んで「お金持ち」を演出する

オーバーン大学（USA）

英国の心理学者マイケル・ダンは、高級車以外でも実験を行っていますので、そちらのほうもご紹介しておきましょう。

高級車に乗っている男性は、女性に魅力を感じてもらえるようなのですが、では「住まい」についてはどうなのでしょう。同じことが言えるのでしょうか。

ダンは、豪華なマンションの一室で写っている男女のモデルと、普通のアパートで写っている男女のモデルの写真を用意しました。ただし、モデルは同一です。また、背景に写っている豪華なマンションと普通のアパートは、背景だけを合成して作った写真でした。

その写真を102名の大学生に見せて、10点満点で魅力の得点をつけてもらったところ、先ほど同様、女性は、豪華な部屋にいる男性の魅力を高く評価しました。「お金がありそう」という雰囲気を漂わせていると、男性はモテるのです。

ところが、豪華な部屋で写っている女性は、魅力がアップするということはありませんでした。男性だけが、豪華なマンションで暮らすことによって魅力がアップするのです。女性は、その男性がどれくらいの地位なのか、どれくらいお金持ちなのか、ということを魅力の評価基準にしています。これはどうも無意識というか、無自覚のうちにやっているようです。

といっても、女性が打算的だからではありません。人類は、その長い歴史の中で、だれでも普通に生活が送れるようになったのは、ほんの100年ほど前からで、それ以前には、とにかく生き延びるだけでも大変なことでした。したがって、女性は、自分とその子どもを生き延びさせるために、経済力のある男性を何としてでも見つけなければならなかったのです。おかしな男性をつかまえると、自分も子どもも生きていけませんからね。

米国アラバマ州にあるオーバーン大学のブライアン・コネリーは、**「シグナリング理論」**についての論文を発表しているのですが、どんな車に乗っているか、どんな腕時計をしているか、どんな服を着ているか、といったことは、**権力や地位の「シグナル」として働き、それによって人の印象も変わってくる**そうです。

とにかく、まずはお金を稼ぎましょう。特に、男性はお金を稼ぐ能力がなければ、女性に相手にされませんので、がむしゃらに働きましょう。

コラム

顔だちがいいだけで、選挙にも勝てる?

「本は表紙で判断してはいけない」

「人間は顔で判断してはいけない」

どちらも外面で判断してはいけないよ、というよくある教えなのですが、そうはいっても、やはり本は表紙で購入するかどうかを決めてしまいがちですし、人間は顔で評価してしまいがちですよね。

では、選挙ではどうなのでしょう。

有権者は、候補者の訴える政策や人間性なりを個別に判断して、それによって投票するかどうかを決めているのでしょうか。

残念ながら、現実にはそういうことではないようです。有権者の多く(だいたい7割)は、選挙ポスターでの「顔」で投票を決めてしまっていることがわかっています。

プリンストン大学のアレキサンダー・トドロフは、「顔」だけで、その候補者が当選するかどうかを予測できてしまう、という衝撃的な論文を発表しています。

トドロフは、2004年の上院選挙の候補者の顔写真だけを多くの人に見せて、その人が「有能そう」に見えるかどうかの判断を求めました。「有能」というのは、「仕事ができる人か」という判断です。その結果、「有能そう」に見えるかどうかという基準だけで、68・8％の確率で当選できるかどうかを予測できることがわかりました。

トドロフはさらに、2000年、2002年の選挙についても調べましたが、「有能そう」に見えるかどうかで、それぞれに73・3％、72・7％の確率で当選予測ができることもわかったそうです。アメリカ人の有権者も、やはり顔だけで選んでいるようですね。

ところで、魅力のほうはどうなのでしょうか。

この点については、スウェーデンの研究機関であるレシオ・インスティチュートのニコラス・バーグレンがフィンランドの政治家1929名（男性1009名、女性920名）の写真を、オンラインで募集した2772名の判定者に見せて、「顔の魅力」について検証しています。

結果、やはりというか、顔だちのいい人ほど、獲得票が多く、標準偏差で1つぶん魅力が上の候補者は、選挙での獲得票が20％も増大することがわかりました。

バーグレンは、学歴ですとか、職業などの要因も調べたのですが、こちらは直接的に獲得票につながるわけではありませんでした。投票してもらえるかどうかで、一番重要なのは、やはり「顔の魅力」だといえるのです。

言うまでもなく、選挙は私たちにとって非常に重要です。ところが、有権者の多くは、そんなに真面目にいろいろと考慮しながら、だれに投票するかを決めているのではなく、もっとアバウトなやり方、すなわち、顔だけで決めてしまっていることがほとんどなのですね。

第4章

だれでも魅力的な人に変わる心理法則

――なぜか好かれる人の「パーソナリティ」研究

語彙力があるかどうか

カリフォルニア大学デーヴィス校（USA）

自分は頭がいいと思っている男性には、朗報です（おバカさんだと思っている人は、次の項目に進んでください）。なんと、頭がいい人は、女性にモテるらしいのですよ。

カリフォルニア大学デーヴィス校のマーク・プロコッシュは、15名の男性に、知能検査（WAIS-Ⅲ）を受けてもらい、その得点に応じて、知能の高い人、中程度の人、低い人にわけてみました。

それぞれの男性について、204名の女子大学生に評価してもらうと、知能が高い人ほど、長期的なお付き合いの相手（結婚したい相手）に選ばれやすいことがわかったのです。頭がいい人は女性にモテるのですね。しかも、長期のお付き合いにふさわしい相手ということは、本気の相手ということです。

ただし、プロコッシュが実験に使ったのは、WAIS-Ⅲ（ウェイス・スリーと読みます）の中にある「ボキャブラリ」についての尺度。これは、難しい単語の定義などを答えるもので、ようするにたくさんの言葉を知っているかどうか、言葉の使い方がうまいかどうかにかかわる知能。頭がいいといっても学校の成績ではないので、もし本をたくさん読んでいて、言葉をたくさん知っている人なら、「頭がいい」と考えてよいと思います。

頭がいい男性がモテる理由は、社会に出てもうまくやっていく能力が高いと思われているから。そういう男性は、奥さんと子どもを養う能力が高いと見なされますので、「結婚に向いている男性」と女性の目には映るのだろう、とプロコッシュは解釈しています。

女性が男性を見る目はシビアですよ。どんなにイケメンであっても、「こいつは家庭をないがしろにしそうだな」とか、「こいつはきちんと生活費を稼いでくれそうもないな」という男性には、魅力を感じません。女性が魅力を感じるのは、自分（と子ども）をしっかりと守ってくれそうな男性なのです。

「時代は変わったのだ、女性はもう、男性に守ってもらう存在じゃない！」という反論もあると思うのですが、歴史的に見ると、女性は何百年、何千年も男性に庇護されてきたので、社会が変わったからといって、そんなにすぐには心理のほうは変わりません。そのため、現代でも女性は、自分を保護してくれる見込みの高そうな男性を選びやすい、という結果が見られるのです。

学歴より教養

カンタベリー大学（ニュージーランド）

魅力的な人間になりたいのなら、とにかくたくさんの本を読みましょう。あまりカテゴリーを決めず、何でも片っ端から読むのがポイントです。もし決まったテーマの本を読むのが苦手なら、「雑学」の本を読んでください。雑学の本には、科学、文化、社会、生物、宇宙、医療など、さまざまな内容がぎっしりと集められているので、そういう本を読むようにしていれば、自然と教養がつきます。

教養がある人は、ほんの少ししゃべっただけで、やはり違います。どこか知的な雰囲気が漂っているのですよね。逆に、おバカさんのほうも、ほんの一言、二言話しただけでわかるものです。「ああ、こいつ、本なんてまったく読んでないな」ということが、相手には筒抜けです。

どこの大学を卒業したのかという学歴も重要ですが、それよりも重要なのが、どれだけの教養を持っているか。社会に出たら、こちらのほうがずっと重要です。

なぜなら、学歴のほうは、自分で「私は○○大学卒なんです」と言わないと相手にはわかりませんが（そしてそんなことをすると学歴自慢をしていると思われ、逆に嫌われる）、教養のほうは、ほんの少しの会話でもバレてしまいますから。

本をたくさん読み、新聞を読み、テレビのニュースも見るようにしていると、言葉の使い方なども影響を受けますし、自分でも気がつかないうちに「教養のある話し方」になっていくものです。

驚くようなことがあったとき、「すげえ！」などと口に出していると、おバカさんのような印象を与えますが、「感銘を受けました」「驚いて、二の句が継げません」といった言葉が自然にさらりと口から出てくると、とても知的に見えます。そして、そういう人のほうが絶対にモテます。

ニュージーランドにあるカンタベリー大学のガース・フレッチャーは、理想のパートナーについて、自由に記述してもらったものを分類してみたところ、「知的であること」を理想の人に挙げた人は84％もいました。「知的であること」はとても大切なのですよ。

ちなみに、「知的であること」は、「ユーモアセンスがあること」（68％）、「社交的であること」（52％）といったことよりも理想の相手に挙げる人が多くいました。フレッチャーの調査では男女の回答者がいましたので、知的であることは、男性にとっても、女性にとっても重要なことだと考えてよいでしょう。

残念ながら、教養というものは、一朝一夕には身につきません。

知的な雰囲気を振りまける人間になりたいのなら、毎日の習慣として、たえず読書をしなければならないので、ちょっと苦しいと感じる人もいるでしょうね。けれども、魅力をアップさせるためには非常に大切なことですので、頑張ってやってみる価値はありますよ。

読書の習慣がある人は魅力的

ストーリーテラーになる

ノースカロライナ大学（ＵＳＡ）

何かを説明してもらうとき、非常に話がわかりやすい人と、わかりにくい人がいます。話の大筋をつかんで、流れをうまく説明してくれる人と、大筋とは無関係の、枝葉末節の話ばかりが多くて、何を言いたいのかがよくわからない人がいます。

人に好かれるのは、当然、前者になります。

好かれる人は、みな共通して、ストーリーテラーとしての能力が高いのです。

ノースカロライナ大学のジョン・ドナヒューは、平均的な男女の写真を載せたプロフィールを用意し、それを155名の大学生に読ませてみました。プロフィールは、「ビル」（男性）と「サラ」（女性）という名前が違う以外は、残りはすべて同じです。

プロフィール文章は3つあり、「話をするのがうまく、登場人物やその状況を生き生きと描写する能力が高い」というものと、「ほどほどに話がうまい」というものと、「話をするのがヘタで、言葉の選び方がまずく、何を言いたいのかよくわからない」というものが

ストーリーを語る能力が高い人ほど魅力が上がる

男性が女性（サラ）を評価	うまい	中程度	ヘタ	コントロール
デートの相手として	3.83	3.56	3.67	3.29
長期的に付き合う相手として	3.94	3.39	3.50	2.94

女性が男性（ビル）を評価	うまい	中程度	ヘタ	コントロール
デートの相手として	4.42	3.91	3.95	4.23
長期的に付き合う相手として	4.63	3.50	3.29	3.77

＊数値は高いほど望ましい相手だと感じたことを示す　（出典：Donahue, J. K., & Green, M. C., 2016）

ありました。この3つに加え、ストーリーテラーとしての能力については一切触れていないコントロール条件も含めました。

それから、デート相手として、あるいは結婚を前提にしたお付き合いの相手として、どれくらいふさわしいと思うのかを尋ねたところ、男性にも、女性にも、ストーリーテラーの能力が高い人ほど魅力を感じさせることがわかったのです。特に女性は、長期的にお付き合いする相手として、ストーリーテラーとしての能力を高く評価するようですね。

ストーリーテラーとしての能力が高い人といえば、タモリさんですとか、明石家さんまさんなどがすぐに思い浮かびますが、そういう人たちはたしかに好感度も高そうです。

ユーモアが警戒心を解く

ウェストフィールド州立大学（USA）

お笑い芸人の男性には、羨ましいほどの美人と結婚している人がたくさんいます。南海キャンディーズの山里亮太さんは女優の蒼井優さんと結婚しましたし、他にも、たくさんの事例が思い当たります。

さて、お笑いの才能というものは、男性がモテるうえで、重要な要素なのでしょうか。心理学の論文を読みあさってみると、たしかにそのようです。ユーモラスな男性は、女性からみると非常に魅力が高いのです。

ひとつ、研究をご紹介しましょう。

米国マサチューセッツ州にあるウェストフィールド州立大学のエリック・ブレスラーは、男女210名の大学生に、2人の人物のプロフィールを作成し、そのプロフィールを読んでもらってからお付き合い相手としてふさわしいかどうかを尋ねました。

2人のプロフィールは、どちらも8つの記述から成り立っているのですが、内容はちょっ

と変えてありました。かりにAさんとBさんとしておくと、

Aさん（8つすべて、ニュートラルな記述）
「私は、週末も早く起きます」「私は、バスでなく徒歩を使って移動します」
（ニュートラルな記述の例）

Bさん（5つはニュートラルな記述で、3つはユーモラスな記述）
「私は、小さな頃、どこに行くにも毛布を持ち歩いていました。あっ、小さな頃だけでなく、今もですね」
（ユーモラスな記述の例）

プロフィールを読んで評価を求めると、女性は、ユーモラスな男性をお付き合いするのに望ましいと答えました。ユーモラスな男性は、「楽しい」「親しみやすい」という印象を与えるので、魅力が高くなるのですね。

女性は、男性に比べると警戒心が強いのですが、その警戒心を解きほぐす役目をするのがユーモアなのかもしれません。

ただし、男性はというと、ユーモラスな女性を好きかというと、そうでもないことがわかりました。男性は、女性にはあまりユーモアセンスを求めていないのかもしれません。私は、ユーモアのある女性が好きなのですが、大多数の男性は、女性には面白さというものを求めていないようです。

女性がユーモラスな男性を好むことは、他の研究でも明らかにされています。カリフォルニア州立大学のリチャード・リッパが、男性11万9733名、女性9万8462名に「パートナー選びで重視するものを3つ」選んでもらった結果を分析したところ、女性は、ユーモアや親切を挙げ、男性は顔だちと見た目を挙げたそうです。

女性にとっては、ユーモラスであることは非常に重要なのですね。

お茶目な人の魅力

カリフォルニア大学ロングビーチ校（USA）

「ユーモラスな人」といっても、心理学的に細かいことを言うと2つのタイプがあります。ひとつは、どんなことでも面白おかしく感じて、ケラケラ笑ってしまうタイプ。笑い上戸というやつですね。もうひとつのタイプは、自分から面白いことをどんどん口に出して、人を笑わせるタイプ。お茶目なタイプといえるでしょうか。

カリフォルニア大学ロングビーチ校のミシェル・トーンクイストは、この2つのタイプについて、どちらのほうが魅力的なのかを調べてみたのですが、女性から人気が高いのは、笑い上戸ではなく、自分から面白いことを言うお茶目タイプでした。

女性に好かれたいのであれば、とにかく茶目っ気たっぷりに、面白いことをどんどん言っていかなければなりません。そういう男性のほうがモテます。

つまらないギャグマンガで笑ったり、テレビ番組で素人に毛が生えたレベルのコントを見てケラケラ笑ったりすることができる人もユーモラスな人と呼んでいいのかもしれませんが、そういう人がモテるのかというと、どうもそういうわけにはいかないみたいですね。「なんだ、そういうことならお笑いのセンスのない私にはムリだな……」としょんぼりしてしまう読者もいると思うのですが、面白いことを言えるかどうかは、努力次第。

生まれつきのお笑いの才能とか、能力のようなものはありません。面白いネタをどんどん探してきて、片っ端から参考にさせてもらえば、面白いことを口にすることはできます。これなら、だれでもできますよね。

書店に行けば、「ユーモア全集」のようなものはいくらでも見つかります。ネタに困ることはありません。気に入ったネタを10個、いや念のため30個くらいピックアップし、それを頭に叩き込んで、自宅で軽くリハーサルするのです。それから友人や会社の同僚たちに披露して、ウケがよかったものを残していくようにすれば、いくらでも面白いことを口に出せるようになります。

会話で面白いことを言うのがどうしても苦手なら、幼稚園児にでもなったつもりで、へンな顔をして相手を笑わせるのも、決して悪くはないと思います。ようするに、お茶目なことをどんどんやってのける男性であることをアピールすれば、それはそれで成功です。今まで以上に女性にモテるようになりますよ。

コンプレックスを捨てる

ビラノバ大学（USA）

おどおどしていて、引っ込み思案の人は、「自分のよさ」をうまくアピールできません。ようするに自己アピールがヘタなのです。こういう人は、せっかく素敵な特徴をたくさん持っていても、相手に伝えられず、魅力も感じてもらえません。

好かれる人は、みな堂々としています。

コンプレックスがない、と言ってもいいでしょうか。

たとえば、田舎者であることに引け目を感じている人がいるとしましょう。こういう人は、自分から積極的に人に話しかけるということをしません。「訛りがあると思われるのは、恥ずかしい」「服装のセンスがダサイと笑われるかもしれない」などと余計なことをいろいろ考えすぎてしまうのです。

残念ながら、こういう人はあまり好かれません。

米国ペンシルベニア州にあるビラノバ大学のレベッカ・ブランドは、オンラインデートサービスに登録している100名の男性のプロフィールを50名の女子大学生に見てもらい、どういう男性に魅力を感じるかを調べてみました。

ただし50名の女子大学生のうち、25名は男性の顔だちだけを見て魅力を評価し、残りの25名は、自己紹介文のテキストだけを見て点数をつけました。

その結果、面白いことがわかりました。顔だちが魅力的とされた男性は、自己紹介文のほうも魅力的とされていたのです。

そこで自己紹介文のほうを調べてみると、顔だちのいい男性は、「自信にあふれた」自己紹介文を書いていることがわかりました。女性は、そういう自信にあふれた自己紹介をする男性に魅力を感じるのです。

あまり顔だちがよくない人は、それがコンプレックスになって、自己アピールがうまくできません。もっと堂々と自己アピールをすればいいのに、なかなかそういうわけにはいかないようです。

まずは心の中のコンプレックスを払拭しましょう。

自分が中卒であるとか、高校中退であることをコンプレックスに感じていて、積極的になれないなら、「別に中卒だからといって、それだけで人間的な価値が低くなるわけでもない」と割り切って、堂々としていることです。

顔だちに自信がなくとも、「顔だけで、人間の魅力が決まるわけでもない」と考えましょう。そうすれば、だれにでも声をかけることができます。

つまらないコンプレックスを抱えていればいるほど、自己アピールができなくなってしまいますので、気をつけてくださいね。

自己アピールができる人に
魅力を感じる

照れ屋は武器になる

ブリティッシュ・コロンビア大学(カナダ)

女性は、堂々として、自信たっぷりの男性が好きです。

けれども、それでは、内気で、はにかんだ顔しかできない人はダメなのかというと、そうではありません。人間には不思議なところがあって、自信がある人は魅力的ですが、その正反対の照れ屋さんに対しても、同じくらい好意を感じることがあるのです。

カナダにあるブリティッシュ・コロンビア大学のジェシカ・トレイシーは、1041名の男女に、さまざまな表情の顔を見せて、その魅力を尋ねてみました。

その結果、女性は、笑っている表情を見せていると男性から魅力的と評価されました。「女性は愛嬌」という言葉があるように、男性は、ニコニコしている女性が大好きなのです。これは当然の結果ですね。

では、女性はどうだったのでしょう。女性にとっての一番人気は、「自信がありそうな表情」をしている顔でした。堂々とした男性は好ましく評価されるのです。

ところが、2位はというと、「はにかんだ顔」の男性でした。しかも、1位と2位には統計的にもほとんど差がなく、つまりは同率1位と考えてもいいわけです。

年齢でいうと、若い女性ほど、はにかんだ顔の男性を魅力的だと評価しました。さらに驚くべきことに、はにかんだ顔は、笑顔の男性よりも魅力的だったのです。

女性に話しかけられると、顔だけでなく、耳まで真っ赤にして、うつむいてしまう男性がいます。返事もロクにできず、小さな声でボソボソと話し、恥ずかしそうな顔をなるべく見せないようにうつむくのです。

こういう男性は、おそらく自分の性格をコンプレックスに感じていると思うのですが、とんでもない話で、本当はものすごく女性に好ましく評価されている可能性があります。

はにかんだ顔は、女性には好ましく評価してもらえるので、隠そうとするのではなく、むしろ自分の「武器」として、どんどん使うようにしてください。

たしかに、女性は、堂々としていて、マッチョな男性を好きですが、だからといって、恥ずかしがり屋がダメかというと、そんなことはまったくないわけです。男性が照れているのを見ると、「あら、カワイイわね」とか「私が守ってあげようかしら」と考える女性もいるわけで、モテないわけではありませんので安心してください。

「自分なんか」と言わない

コロンビア大学（USA）

読者のみなさんは、自分自身についてどのような評価をしていますか。「ちょっとお腹が出ているとは思うけど、プーさんみたいでかわいい」とか、「顔だちは平凡だけど、愛くるしい顔だなとは思う」とか、「たまにドジをするけど、仕事は早いと思う」など、好ましい自己評価をしているでしょうか。

自分自身についてどういう評価をするかは、とても大切です。自分のことが好きかどうかを心理学では「自尊心」と呼んでいます。最近では、日常語のように使われるようになりましたので、みなさんもご存じかと思われます。

さて、好かれるかどうかという点で考えてみた場合、好かれるのは断然「自尊心が高い人」です。自分のことが嫌いで、自尊心が低い人は、あまり好かれません。

コロンビア大学のアン・レイツは、12の高校の49のクラスの生徒1057名に、クラスメートで好きな人の名前と、嫌いな人の名前を3人挙げてもらい、それぞれの生徒の人気度を算出してみました。また、自尊心を調べました。

するとみんなから好きな人として名前を挙げてもらえる人ほど、自尊心が高いことがわかりました。

「どうせ自分なんか……」「私は本当におバカさんで……」と、自分を悪く評価しがちな人は、あまり好かれないといえるでしょう。

好かれる人は、自分が大好きで、自分のことを悪くとらえません。

「たしかに私は勉強ができませんけど、走るのは速いんですよ」というように、自分のよいところ、長所のほうに目を向けます。そして、そういう人のほうが確実に魅力も高くなるものなのです。

人に好かれたいのなら、自分を嫌っていてはダメです。

どんな人でも、探せばいくらでも自分のよいところは見つかるはずで、そういうものにだけ目を向けるようにしてください。自分の悪いところは、もうどうでもいいというか、「目をつぶる」ようにするのがポイントです。

自分のイヤなところに目を向けていると、気分もへこんでしまいますし、他の人からは嫌われて人気も高くなりませんし、悪いことだらけ。

まずは、自分のいいところを紙に箇条書きしてみましょう。つまらないことでも、きちんと書いていくことがポイントです。

「金魚のエサやりを忘れたことがない」ということも、もちろん、自分のよさとして考えてかまいません。そういうリストを作って、ヒマなときには眺めるようにしていると、自尊心も高くなり、人に好かれるようになり、幸せな毎日を送れるようになります。

小さな親切を心がける

テキサスA&M大学（USA）

困っている人がいたら、「手助けをしようかな？　どうしようかな？　迷惑かな？」などと余計なことを一切考えず、反射的に助けてあげてください。親切というものは、どんどん押し売りしていくのがポイントです。

社内で重い荷物を抱えている人がいて、「半分持ちましょうか？」と申し出たりすると、「あっ、大丈夫です」と断られてしまうかもしれませんので、強引に半分奪ってしまいましょう。それから、「どちらまで運べばいいんですか？」と聞けばいいのです。親切なことは、積極的にやってあげましょう。

人に好かれる人は、みなとても親切であるという特徴があります。

思いやりを持って行動することを、心理学では**「愛他性」**と呼んでいます。他人に親切にすることは、自分の労力と時間を犠牲にすることですが、愛他性の高い人は、自分がソンをしているとは考えません。他人のために何かをしてあげられることが嬉しいのです。

人に親切にすると、魅力的と思われやすい

	愛他性が高い	愛他性が低い
魅力	2.53	2.21
望ましさ	3.48	3.16

＊数値は5点満点

(出典:Jensen-Campbell, L. A., & West, S. G., 1995)

そういう人間を目指しましょう。

テキサスA&M大学のローリー・ジェンセン＝キャンベルは、115名の大学生にある人物のプロフィール文章を読んでもらいました。ただし文章は2種類あって、ひとつは愛他性が高い内容が書かれていました（人助けが好き、イヤなことでも喜んで手伝う、など）。もうひとつのほうでは、愛他性が低い人物であることがうかがわれる文章になっていました（あまり人助けをしない、など）。

さて、文章を読み終えたところで、「この人にどれくらい魅力を感じますか？」、さらには「恋人として望ましいと思いますか？」と質問したところ、上のような結果になったそうです。

人に親切にする人ほど、魅力も高く、恋人として

も申し分ないと思ってもらえることがよくわかるデータですね。親切な人は、とにかくモテるのです。

困っている人がいたら、とにかく声をかけてください。かりに自分一人で何とかできたとしても、他のだれかから「手伝いましょうか？」と言ってもらえるのは、絶対に嬉しいことだからです。

愛他的な行動が自然にできるようになると、おそらくは出会う人すべてに好かれるような人間になれるでしょう。親切な人を嫌う人など、この世にはいませんからね。

誰からも好かれる人は、
困っている人がいたら
自然に助ける行動をとる

顔より重要！ 愛他性の高い人

ウースター大学（イギリス）ほか

他人に親切にできることは、好かれるうえで非常に重要な要因なのですよ、というお話をしました。

では、どれくらい重要なのかというと、なんと「顔だちより重要」ということを示す驚きの研究報告があります。イケメンかどうかよりも、愛他性のほうがよほど重要だというのですから、ビックリですよね。

英国ウースター大学のダニエル・ファレリーは、オンラインで募集した202名の女性に、男性のプロフィールを読んでもらって、その印象を尋ねてみました。

ただし、ファレリーは、次の2つの条件を設けていました。まず、プロフィール写真。魅力的な顔の男性の写真か、そうでもない男性の写真を載せるかで条件をひとつ作りました。

もうひとつは、愛他的かどうか。愛他性の高い男性である条件では、「川に落ちた子どもを助けるために飛び込んだ」という紹介文がありました。愛他性の低い男性の条件では、この部分の文章が「飛び込まなかった」に変えられていました。

するとと非常に興味深いことがわかりました。

「魅力はそうでもないのに愛他的な男性」は、なんと「魅力的ではあっても愛他的ではない男性」よりも、女性回答者たちには「お付き合い相手として望ましい」と高い評価を受けていたのです。

女性にとっては、イケメンかどうかより、愛他的かどうかのほうが大きなウェイトを占めることがわかったのです。

「僕は、顔だちには、まったく自信がないんだよなあ……」という男性は少なくないと思うのですが、大丈夫みたいですよ。なぜなら、女性は、顔だち以上に、愛他性のほうを重視してくれますから。

顔だちがよくとも、思いやりに欠けて、不親切な人より、愛他的な男性のほうが絶対にモテますので、もっと自分に自信を持ってもいいのではないでしょうか。

「でも、それは男性だけのお話であって、女性はやっぱり顔だちがよくなくちゃ相手にしてもらえないのでは?」と思う人がいらっしゃるかもしれませんが、そうとも言えません。

オックスフォード大学のデビッド・ムーアは、「近所のお年寄りのために代わりに買い物に行ってあげる」「地元の学校で、無給で子どもたちに勉強を教えてあげている」など、愛他的であることがわかるプロフィール文章を評価してもらったところ、愛他的な人は、男性からも、女性からも、「長くお付き合いする相手としてとても望ましい人」という判断を受けることがわかりました。

ムーアの研究では、「顔だち以上に重要」かどうかまでは調べられていないのですが、女性にとっても愛他的であることは魅力を高める要因になっていることは間違いありません。

「共感」して脳の波長を合わせる

カリフォルニア大学ロサンゼルス校(USA)

仲のいい人とは、不思議なことに、同じようなモノの見方、感じ方をするものです。相手が楽しいときには自分も楽しく感じますし、相手が悲しいときには自分も悲しく感じるのです。

カリフォルニア大学ロサンゼルス校のキャロリン・パーキンソンは、実験参加者にお願いして仲のいい友達を連れてきてもらって、一緒にさまざまな映像を見てもらいました。

映像には、「ナマケモノの赤ちゃん」や「知らない人の結婚式の風景」など、いろいろな感情を引き出すものを準備しておきました。その際、ただ映像を見てもらうだけではなく、映像を見ているときの脳の活動を磁気共鳴機能画像法(ｆＭＲＩ)という装置で調べました。この機械は、脳のどの部分が活動しているのかを調べるもっとも最新の装置です。

すると面白いことがわかりました。仲のいい友達とは、脳の活動が驚くほど似ていたのです。

脳の活動が似ているということは、同じような感情を味わっているということでもあります。参加者が、ある微笑ましい映像を見て、愉快な気分になると、仲のいい友達も同じように感じていたことが明らかにされたのです。

仲のいい人とは、あまりケンカも起きませんが、その理由は、お互いの気持ちが手に取るようにわかるからでしょう。わがことのように相手の感情がわかるので、相手が嫌がるようなことはしませんし、相手が喜ぶようなことだけをすることができるのです。

だれからも好かれる人の特徴のひとつに「共感性」が挙げられます。

相手の気持ちをきちんと理解できる能力のことを「共感性」というのですが、好かれる人は、相手と同じように自分の脳を活動させているのかもしれません。

では、どうすれば共感性が磨けるのかというと、とにかく相手に興味を持って、しっかりと観察することが大切です。相手の顔を見ていれば、相手がどんな感情なのかが、ある程度は理解できます。

相手の顔を見て、同じ表情を自分でも作ってみるのもいいですね。相手が笑っていたら、自分はそんなに面白いと思わなくとも、一緒に笑ってみるといいですよ。相手と同じような表情を作るようにしてみれば、相手の感情も理解できるようになりますからね。

その他大勢から抜け出す

クイーンズランド大学（オーストラリア）

恋愛というものは、他の多くのライバルたちを蹴落とし、自分だけを相手に選んでもらうという熾烈な競争です。これは、男性でも、女性でもそうです。

恋愛に勝つためには、他のライバルたちよりも、とにかく自分の存在を目立たせなければなりません。他のライバルたちと同じことをしていたら、「その他大勢」のポジションに埋没してしまい、相手に選んでもらうことが難しくなります。

そのため、とにかく「目立つ」ことを考える人ほど、モテます。

学校でモテる人の例で考えてみましょうか。

みなさんの学校生活を振り返ってみてほしいのですが、モテる人はどういう人でしたでしょうか。スポーツが飛びぬけてできるとか、勉強がものすごくできるとか、クラスで一番騒がしいひょうきん者ですとか、いろいろあるとは思うのですが、そういう人たちは、「目立つ」という点で、他の生徒とは区別できたのではないかと思います。

「その他大勢」というグループにならず、目立っている存在であること。

これが、魅力を感じさせる要因なのです。

オーストラリアにあるクイーンズランド大学のマシュー・ホーンセイは、17歳から28歳までの74名に、「目立ちたがり屋の人に、どれくらい魅力を感じますか?」と尋ねてみました。

ごく一般的な常識からすると、男性は、従順で、控えめで、決して目立とうとしない女性を好み、女性は目立つ男性を好むと考えられています。ところが、ホーンセイの調査によると、事実は、どちらも目立つタイプに魅力を感じることがわかったのです。

目立つことが大切なことは、少し推論を働かせれば納得できます。

魅力を感じてもらうためには、まず何よりも自分の存在を相手に気づいてもらわなければなりません。気づいてもらえないと、「いないものと同じ」ですからね。では、気づいてもらうにはどうすればいいかというと、相手の注意を引くようなことをしなければならないのです。

勉強でも、スポーツでも、歌がうまいことでも、気配り能力が高いことでも、何でもいいと思うのですが、人よりも抜きんでたところがあり、「おや?」と相手に気づいてもらえないと、魅力も感じてもらえないのです。

どんなことでもいいと思うのですが、まずはどうすれば自分が目立てるのかを考えましょう。人と違うところがないと、相手に気づいてもらえませんし、当然、魅力も感じてもらえませんので、この点はとても重要です。

「ものすごくドジである」ということは、普通に考えればマイナスですが、「ドジすぎて職場でもよく目立つ」と考えれば、決して悪いことではありません。ドジというマイナスの特徴であっても、注意を向けられるということは、それだけ意識してもらえるということであり、そういう人のほうがなぜか好かれてしまうこともあるのです。

嫌われる心理学

ウェスタン・シドニー大学（オーストラリア）

人に好かれたいと思うときには、大まかに2つの作戦があります。ひとつは「好かれる」ことをたくさんすること。もうひとつは、「嫌われる」ことをしないことです。今回は、**どういう人が嫌われるのか**という点から考えてみましょう。

ウェスタン・シドニー大学のピーター・ジョナサンは、短期的なお付き合い（何回かデートするだけのようなお付き合い）をするときと、長期的にお付き合い（結婚を考えるようなお付き合い）をするときとで、どういう人を「避ける」のかを調べてみました。どういう人とはお付き合いしたくないのか、具体的な特徴を挙げてもらったのですね。

そのリストを分析してみると、短期的なお付き合いのときには、平均3・08個の特徴が挙げられ、長期的なお付き合いのときには平均4・85個の特徴が挙げられました。

長期的なお付き合いのときのほうが、いろいろと避けたい条件は厳しくなるようです。まあ、これは何となくそうだろうな、と思います。短いお付き合いなら何とか我慢できる

嫌われる人の特徴ランキング

	短期的なお付き合い	長期的なお付き合い
1位	性病を持っている	怒りっぽい
2位	体臭がキツイ	大勢の人と付き合っている
3位	汚い	信用できない
4位	すでに恋人（配偶者）がいる	すでに恋人（配偶者）がいる
5位	怒りっぽい	性病を持っている

（出典：Jonason, P. K., et al., 2012）

ことでも、結婚のときのような長期的なお付き合いを考えると、条件が厳しくなるのも当然です。

ちなみに、「こういう人はイヤだ」というリストのトップ5をご紹介すると、上のようになりました。

長期的な人間関係を築こうとするとき、一番避けられるのは「怒りっぽい人」のようです。短期的なお付き合いでも、怒りっぽいかどうかは5位にランクインしているので、怒りっぽい人は、あまり好かれないということがわかります。

すぐにイラッとし、感情的にキレやすい人は、どうもダメみたいですね。

基本的には、あまり腹を立てることなく、「まあ、いいか」と気楽に何でも許してあげられるような人間になりましょう。そのほうが人には魅力的だと感じてもらえますから。

車で移動しているとき、割り込みをされたり、渋滞に巻き込まれたりすると、いきなり不機嫌になってしまう人もいると思うのですが、こんなときでも気を長く持って、「気にしない、気にしない」と自分に言い聞かせるようにするといいですよ。

嫌われる人ランキング1位は
「怒りっぽい人」

「我慢できる人」は信用される

アムステルダム自由大学（オランダ）

甘いお菓子を食べたいと思っても、「今はやめておこう」ときちんと自制できたり、ほしい商品を街中で見つけても、「すぐに買うのはやめよう」と衝動買いを抑制できたりする人を、〝セルフ・コントロール能力が高い人〟といいます。

こういう人も、他の人の目には魅力的な人のように映るようです。

オランダにあるアムステルダム自由大学のフランセスカ・リゲッティは、「欲しいものをきちんと我慢できた」ということがわかるエピソードを記述した人物と、「欲しいものはすぐに手に入れないと気が済まない」ということがわかる人物の文章を用意して、40名の男女に印象を尋ねてみました。

すると、きちんと自分を律することができ、自分をコントロールできる能力の高い人のほうが、好印象を与えることがわかりました。

なぜ、セルフ・コントロール能力が高い人が好印象かというと、そういう人は「信用」

できるから。自分の欲求をコントロールできない人は、イマイチ信用できないのです。

セルフ・コントロール能力が低い人は、何をするか、わかりません。自分の欲求や衝動や本能のままに行動してしまうからです。こういう人は、衝動買いもするでしょうし、ギャンブルもやりそうですし、恋人がいようが結婚していようが、浮気や不倫も平気でやりそうです。

その点、セルフ・コントロール能力の高い人は、欲求や衝動に負けませんので、どんな誘惑にさらされても、自分を失うことがないだろうな、というイメージを与えます。こういう人は信用できますので、好印象を与えるのです。

約束を平気で破る人も、信用されませんよね。

たとえば、待ち合わせの約束をしているのに、自分勝手な理由で、平気な顔で待ち合わせをすっぽかすような人がいるとして、読者のみなさんはよい印象を持ちますか？　持ちませんよね。おそらくは、お付き合いをやめようと思いますよね。

セルフ・コントロール能力が高い人は、決してそういうことをしません。いったん約束したことは、必ず守ります。「なんとなくやりたくない」と思っても、自分で決めたことは必ず守るようなタイプです。

こういう人は仕事でも信用されますし、人間関係でも信用されるのです。

セルフ・コントロール能力は、生まれつきの才能ではなくて、後天的にいくらでも鍛えることができます。お腹が空いたからといって、本能のおもむくままにお菓子を口に入れたりせず、「決まった時間がくるまでは食べずに我慢」するとか、「タバコを吸いたくなっても、休憩時間までは我慢」するといったことを、日常生活の中で、ちょこちょことくり返すようにしていると、セルフ・コントロール能力も鍛えられていきます。

浮気をしない

ペンシルベニア大学(USA)

誠実であることは人間としての美徳です。誠実な人を嫌う人はいません。もちろん、こういう人はとてもモテます。だれに対してもいい顔をしたり、浮気したりする人は、あまり信用されませんし、魅力も感じてもらえません。

ペンシルベニア大学のカーレン・ハンコは、ある架空の人物のプロフィールを作り、57名の男女大学生に読ませて、どれくらい魅力を感じるかを7点満点で評価してもらいました。

プロフィールは3種類あって、ひとつは誠実な人柄であることがわかるプロフィール。この人物は、「他の人には色目を使わない」といった記述が書かれていました。2人目は、遊び人。「遊んで逃げてしまう」と書かれていました。3人目も遊び人なのですが、「遊ぶけれども、その人と付き合う」と書かれていました。

では、プロフィールが異なる3人は、どのように評価されたのでしょうか。魅力の得点は、誠実な人が7点満点で4・27点。遊んで逃げてしまう人は3・37点。遊んでも、お付き合いする人は3・38点でした。誠実な人は魅力的なのです。

また、「長期的にお付き合いする相手としてふさわしいか？」と7点満点で聞いてみたところ、誠実な人は4・17点。遊んで逃げる人は1・37点、遊んでも付き合う人は1・57点でした。誠実な人は、長期的に付き合う相手としては、2倍以上も好かれるのですよ。

浮気をする人は、やはりいいイメージは持たれません。私たちは、「自分だけを好きでいてくれる」人が好きなのであり、自分にだけ忠誠心を見せてほしいと思っているのです。だれにでもいい顔をしていると、だれからも相手にされなくなってしまうので注意が必要です。

誠実であることに、努力はいりません。他の人には目もくれない、という態度をとっていればいいのですから。

恋愛テクニックとして、ヤキモチを焼かせるために、他の人と親しくおしゃべりしたり、イチャイチャしたりする方法もありますが、これはあまりおススメできる方法ではありません。相当な恋愛達人者だけがそういうことをすればよく、普通の一般人にはとても真似できませんし、中途半端にやろうとすると、ただ嫌われるだけですので気をつけましょう。

コラム

なぜ、セレブな町には、美男美女が多いのか

兵庫県の芦屋ですとか、東京の田園調布ですとか、高級住宅街と呼ばれる地域には、なんとなく美男美女が多いようなイメージがありますよね。本当に美男美女の割合が多いのか、はっきりしたところは統計をとっていないのでわかりませんが、外国の研究では、関連したものがありますので、ご紹介しましょう。

英国アングリア・ラスキン大学（論文発表当時）のヴィレン・スワミは、ロンドンにおける「美人地図」を作成してみました。地区によって美人が多いのかどうかを調べる研究です。

スワミは、461名のロンドン市民に、33の地区に住む男女の外見魅力を尋ねてみたのですが、魅力的な男女が多い地区は、シティ・オブ・ロンドン、シティ・オブ・ウェストミンスター、ケンジントンやチェルシーといった富裕層の多い地区であることがわかりました。

なぜ、セレブの多い町には、美男美女が多いのでしょう。

大きな理由は、魅力を磨くだけの財力があるから。エステに通ったり、お洒落にお金をかけたりする財力があるので、魅力が磨かれるのでしょう。

生活するだけで、いっぱいいっぱいの人にとっては、とても自分の魅力を磨くことにまで、お金を回せません。そのため、魅力のほうはイマイチ、ということになるのでしょう。

もうひとつの可能性は、高級住宅街に住むような人たちは、もともと見栄っ張りで、自分を魅力的に見せようという自己顕示欲が強いということ。自己顕示欲が強い人も、やはり自分の見た目にはこだわりますから、魅力的に見えるような努力をやっているのかもしれません。この可能性も大いに考えられますね。

本書は、魅力を磨くための方法を探るものですが、高級住宅街、あるいはその近隣に頑張って住むようにすると、「私だって、負けていられない！」という気持ちが心の中に湧き起こってきて、お洒落に見える努力をし始めるようになるかもしれません。汚い恰好で外を歩いていると恥ずかしいという気持ちになりますから、自然と見た目に気をつけたり、歩くときの姿勢に気をつけたりするようになるのではないでしょうか。

第5章

100%心地いい関係をつくる心理法則

――なぜか好かれる人の「人づきあい」研究

会う頻度を増やす

ウィスコンシン大学（USA）

だれが言い始めたのかはよくわからないのですが、「営業は断られてからがスタート」という名言があります。私の好きな言葉でもあります。諦めずに頑張っていれば、そのうちにいいことがあるのです。

魅力に関してもそうで、初対面でそんなによい印象を与えることができなくとも、気にしない、気にしない、の精神でいきましょう。次回によい印象を感じてもらえるように努力すればOKです。しかもありがたいことに、ちょこちょこと会う頻度を増やすようにすると、みなさんが相手に感じてもらえる魅力は、少しずつアップしていきます。とにかく会う回数を増やすこと。これがポイントになります。

ウィスコンシン大学のエディ・ハーモン＝ジョーンズは、33名の女子大学生に10人の女性の写真（イヤーブックから集めました）を1回だけ、あるいは2回見せて、どれくらい好ましく感じるかを9点満点で尋ねてみました。その結果、1回だけ見せるより、2回見せたときのほうが、好ましさがアップすることがわかりました。

また、ハーモン＝ジョーンズは、写真を見ているときの脳波をＥＥＧという機械で調べてみたのですが、すでに見た顔がもう一度出てくると、頬の筋肉が活動することもわかりました。**私たちは、すでに知っている顔を見ると、自然に「微笑んでしまう」のです。**

私たちは、見慣れた顔には、親しみや好ましさを感じます。この原理は、**「熟知性の法則」**とも呼ばれています。相手のことを知れば知るほど、私たちはその人を好きになるのです。なんだか、噛めば噛むほど味が出てくるスルメみたいですね。

同じような研究は、マイアミ大学のヘザー・クレイプールも報告しています。

クレイプールは、１６７名の大学生（50名が女性）に、48人の男性の写真を見せました。ただし１回だけ見せるグループと、２回見せるグループをわけました。その結果、先ほど同様、２回見せたときのほうが「幸せそうに見える」という印象を与えることがわかりました。「幸せそうに見える」とは、結局、好ましく見える、ということでもあります。

もしかりに初対面での自己アピールがうまくできなくとも、そんなに気にすることはありません。１回で魅力を伝えられないのなら、２回、３回と回数を増やせばいいのです。回数を増やせば増やすほど、好ましく評価してもらえますよ。

相手の「視界に入るだけ」でいい

ピッツバーグ大学（USA）

「たくさん人に会うということはわかるのですが、私はそんなに会話がうまくないのですよ。それでもいいのでしょうか？」と思う人がいるかもしれません。この点についても心配はいりません。顔を見せることが大切なのであって、会話が苦手なら、おしゃべりしなくともいいのです。

もっと言えば、相手の視界に入るところにいるようにするだけで、魅力は高くなりますので、相手の視界に入るようなところをうろちょろしているだけでもいいと思いますね。それでも熟知性は効果を発揮しますから。

ピッツバーグ大学のリチャード・モレランドは、外見の魅力が同じ程度の女性アシスタントを4人ほど人格心理学のコースに送り込んでみました。

このコースは全15回の講義が行われるのですが、出席する回数だけが違います。あるアシスタントは1回も出席しない（つまり一度も顔を見せない）、別のアシスタントは5回

会話ゼロでも、顔を見せる回数が多いほど好感度が上がる

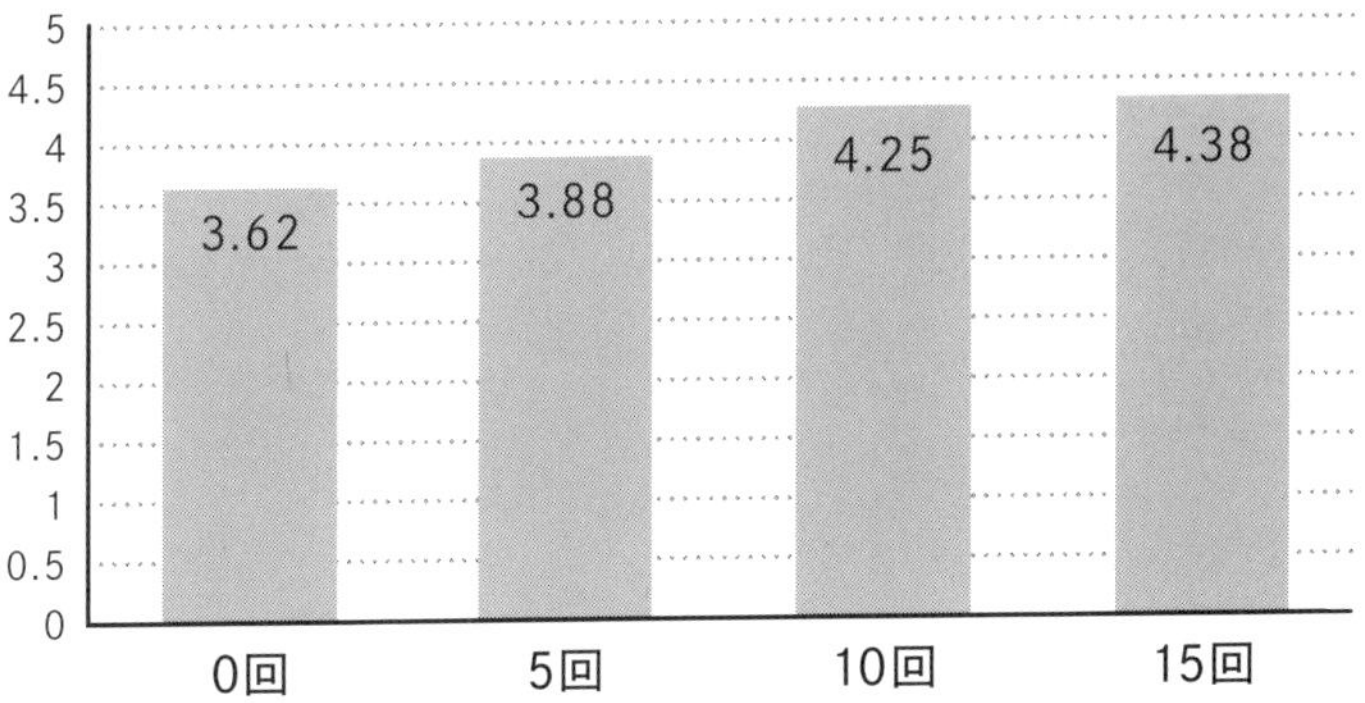

＊数値は7点に近いほど魅力が高いことを示す　(出典：Moreland, R. L., & Beach, S. R., 1992)

だけ出席、また別のアシスタントは10回、さらに別のアシスタントは15回（つまり全部）出席することになっていました。

アシスタントは、いつでも一番前の席に座り、他の学生とは一切コミュニケーションをとりませんでした。仲良くなってしまったら、それが魅力に影響してしまうかもしれませんからね。とにかく一番前に座って、他の生徒の視界に入るようにしたのです。

最後の講義が終わってから、コースの履修者に4人の写真を見せ、「彼女とどれくらい友達になりたいと思いますか？」「彼女とどれくらい一緒にいて楽しいと思いますか？」などの質問を合計して魅力の得点としたところ、上のグラフのような結果になりました。

グラフからわかるとおり、一切何の接触も持たなくとも、自分の顔を相手に見えるようにしていれば、回数が増えるほど魅力も高く感じてもらえるのです。

とにかく相手の視界に入るようにうろちょろするのがポイント。「あの人、最近、よく見かけるよね」と相手に認識されるようになったとしたら、それはもう好意も感じてもらえている、ということです。

第一印象は捨てていい

エディンバラ大学(スコットランド)

熟知性の法則に基づけば、初回はどうしても不利です。したがって、初対面で好印象を与えようという淡い期待は捨ててください。もし相手に嫌われたときに、がっくりしてしまいますから。「魅力を感じてもらうのは、ゆっくりでいいや」と割り切っておけば、たとえ初回の打ち合わせやデートがうまくいかなくとも、そんなに気落ちせずにすみます。

そもそも初対面でモノを言うのは外見。外見で勝負できる人なら初対面でいいでしょうが、顔だちにあまり自信がないという人は、もっと時間をかける必要があります。

スコットランドにあるエディンバラ大学のアリソン・レントンは、84回分のスピードデート(たくさんの人と数分ずつ話をするお見合いパーティ)のイベントに参加した男性1870名、女性1868名のデータを分析してみました。イベントによって参加者の人数が違うのですが、レントンは小さなイベント(15人から23人の異性と会う)と大きなイベント(24人から31人の異性と会う)では、恋人選びの基準が違ってくるのではないか、と考えたのです。

調べてみると、まさにそのとおりで、大きなイベントでは、参加者は、身長や体重、顔だちなどの見た目で相手を選んでいることがわかりました。大勢の異性としゃべらなければならないと、どうしても一人一人と会話をする時間が短くなります。そのため、てっとり早く外見だけで判断してしまうのです。

参加者が少ない小さなイベントでは、個別にゆっくり話すことができます。参加者は見た目だけでなく、いろいろなことを考慮しながら恋人選びをしていました。ゆっくりと時間をかけるようにすれば、人は、見た目以外のところを含めて評価してくれるのです。

初対面のときには、おそらくだれでも見た目で相手のことを判断してしまうでしょう。見た目くらいしか、判断するための手がかりがないからです。ところが、2回、3回と会う回数を増やしていけば、少しずつ自分の生い立ちであるとか、将来の夢ですとか、共通の趣味ですとか、いろいろなことを相手に知ってもらうことができます。

そして、見た目以外のところで好ましく評価してもらえれば、外見のほうも魅力を感じてもらえるようになるのです。もし読者のみなさんの人柄というか、性格がよければ外見までよく見えてしまうことについては、次の項目で改めて論じましょう。

性格がいいと、見た目もよく見える

ミシガン大学（USA）

「あばたもえくぼ」という言葉があります。「あばた」というのは、漢字で書くと「痘痕」。天然痘が治った後に、顔に残ってしまう痕のことを「あばた」というのです。そんなあばたでさえ、もしその人を好きになってしまったら、「えくぼ」のように魅力的に見えてしまう、というのが「あばたもえくぼ」の本来の意味。

私たちの見た目の印象というものは、客観的に、固定化され、決定されているものではありません。同じ顔をしていても、あるときは100点、あるときは60点、またあるときは80点というように、いくらでも変動するものです。

では、どういうときに見た目の印象が変わるのかというと、その人の性格や人間性。性格が愛くるしくて、「なんだか、この人っていいよな」と相手に感じさせる人は、なぜか見た目もかわいらしいと思ってもらえるのです。

客観的に、顔だけを見て点数をつけさせたら、10点の人でも、性格がよければ、100

点をつけてもらえるかもしれません。こういう「あばたもえくぼ」現象のことを、心理学では**「ハロー効果」**と呼んでいます。

ミシガン大学のリチャード・ニスベットは、118名の大学生に、心理学の先生の7分間のインタビュービデオを見せました。

その際、半数の人には、「この先生は、生徒から好かれていて、教え方も丁寧なんですよ」と伝えました。性格のいい先生であるということを伝えたわけです。

残りの半数には、「この先生は、生徒に嫌われていて、独善的な教え方をするのです」と伝えました。性格がイヤなヤツですよ、というイメージを与えたのですね。

さて、ビデオを見てもらった後で、7点満点で魅力の得点をつけてもらうと、性格がいいと伝えられたグループは5・48点と非常に高い得点をつけました。ところが、性格が悪いよ、と伝えられたグループの平均は3・80点。

まったく同じ顔であっても、性格がいいと思われると、魅力のほうもそれに合わせてアップするのです。

読者のみなさんの職場にも、顔だちのほうはイマイチなのに、なぜか男性からも女性からも好かれるという人はいませんか。もしそうなら、きっとその人は非常に好ましい性格をしているのでしょう。

性格がよければ、見た目のほうもポジティブな方向で見てもらえます。平凡な顔だちであっても、性格がよければ、イケメン俳優のように思ってもらえるかもしれないのです。

どんな人にも、明るい声で自分から挨拶し、困っている人がいたら率先して手助けをしてあげてください。そういうところでイメージアップを図っておけば、顔だちなどまったく心配しなくてすみます。いや、「顔だちもイイ」とさえ思ってもらえるはずです。

涼しく、ゆったりした場所で会う

カンザス州立大学（USA）

人に会うときには、あまりごみごみしていないところのほうがいいでしょう。周囲に人がたくさんいると、落ち着かない気持ちになります。お食事をするのなら、個室のほうがいいですし、個室ではなくとも、隣のテーブルと十分に離れているようなゆったりしたお店を選ぶべきです。

私たちは、「落ち着かない」というネガティブな気分になると、一緒にいる人にもあまりよい感情を抱けなくなります。魅力も感じにくくなるわけです。

カンザス州立大学のウィリアム・グリフィットは、まったく同じ大きさの部屋で、3人から5人を出会わせたときと、12人から16人を出会わせたときでは、混雑しているときのほうがお互いに感じる魅力が減ってしまうことを確認しています。

人に会うのなら、ゆったりしたところのほうがいいというわけですね。

また、グリフィットは、室温についても検証していて、29度のときと14度の部屋で感じる魅力の比較もしているのですが、14度の部屋のほうがお互いに感じる魅力が高くなることを明らかにしています。

ゆったりしているだけでなく、少し涼しく感じるくらいの部屋がベストだと言えるでしょうか。

会社によっては、夏場に節電ということで、設定温度を28度くらいにしているところもあると思うのですが、せめて人に会うときには、応接室や会議室の設定温度はこっそりと低くしておきましょう。

蒸し蒸しするような場所で会うと、こちらの魅力が下がってしまいますので、涼しく感じるような部屋のほうがいいのです。お客さまを迎えるときなどは、特に室温は重要です。もちろん、お客さまが帰った後には、また設定温度を元に戻しておかないと、「勝手に設定温度を変えるな」と怒られてしまいますので、気をつけてください。

お年寄りと付き合う

ブランダイス大学（USA）

お年寄りは、頑固で、物わかりが悪く、愚痴や文句ばかり口にするものだと思われています。しかし、このイメージはまったくの誤解であり、偏見にすぎません。実際には、若い人より、お年寄りのほうが、性格も柔らかく、人のことをポジティブにとらえてくれることのほうが多いのです。「ウソでしょう？」と思われるかもしれませんが、これは本当。

米国ブランダイス大学のレスリー・ゼブロウィッツは、若者グループ48名（平均18・8歳）と、年配者グループ48名（平均76・3歳）に、100枚を超える人の写真を見せて、どんな印象を抱くのかを尋ねてみました。

すると、年配者グループのほうが、若者グループに比べて、「ポジティブな印象」を持ちやすいことがわかったのです。同じ顔に対して、年配者グループのほうが、いつでも好意的な印象を持ってくれたのでした。

特に顕著だったのは、ネガティブな表情に対して。

たとえば、怒っている人の写真を見せられると、若者グループは嫌悪的な印象を持ちましたが、年配者グループはというと、「歯を食いしばって頑張ろうという気持ちになっている人の顔だ」といったようにポジティブな方向に解釈してくれたのです。

年配者は、あまり人を悪くとらえようとしません。むしろ、善意を持って、ポジティブな方向でとらえてくれるのです。それだけ心が大らかだということでしょうか。

だまされたと思って、お年寄りの多いコミュニティに参加してみてください。おそらく、みんなからチヤホヤしてもらえて、ものすごく嬉しい気持ちになりますよ。

たいして若くもないのに「若者」扱いしてくれたり、たいして肌がきれいでもないのに、「赤ちゃんみたいな肌をしている」とホメてくれたり、たいした顔でもないのに、「べっぴんさんだ」と持ち上げてくれたりしてくれます。

最初のうちには、「どうせお世辞でしょ」と思うかもしれませんが、何度も、何度もくり返しホメられていると、自分でもまんざらではない気持ちになり、「私は意外に魅力的なのかも？」と思うようになり、自尊心も高まります。自尊心が高くなると、さらに魅力を感じさせる人になることはすでに指摘したとおりです。年配者にお酒に誘われたら、すぐに断ったりせず、ぜひお付き合いしてあげてください。

口臭で魅力は半減する

オルブライト大学（USA）

当たり前すぎることなので、わざわざ書く必要もないような気もしますが、口臭には気をつけてくださいね。ブレスケアのようなものはいつでもカバンの中に携帯しておき、人に会うときには何粒か口に放り込んでおきましょう。本人には口臭はなかなか気づきにくいのですが、目の前の人にはものすごく気になることですので。

男性は、女性に比べると、あまり口臭を気にしないというデータがあります。

米国オルブライト大学のスーザン・ヒューゲスは、１７５名の男性と３２６名の女性に、「キスをするとき、どれくらい口臭が重要ですか？」ということを5点満点で尋ねてみたのですが、次ページのグラフのような結果になったそうです。

匂いの強い食べ物が好きな人や、タバコを吸う人は、特に口臭には気をつけてください。自分では気づかなくとも、周囲の人（特に女性）に不快感を与えてしまっている危険が大きいです。

女性との接近戦では「口臭ケア」が重要

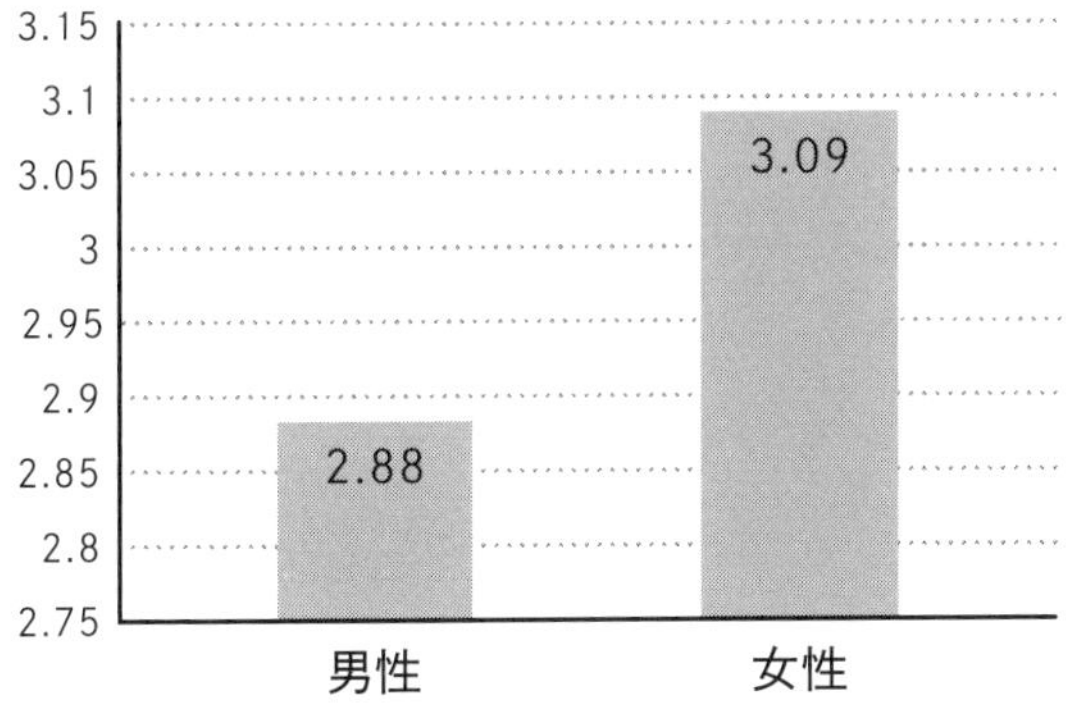

*数値は5点に近いほど「重要」ということを示す　(出典:Hughes, S. M., et al., 2007)

最近では、コロナの影響もあり、人に会うときにはマスクをするようになったので、以前に比べれば、「口臭のせいで、魅力が下がる」という人は減っているのではないかと思うのですけれども、マスクをしていてもやはり口臭が漂っている人はいます。「マスクをしているから」と安心せず、やはりブレスケアは必要でしょう。

なお、口臭が気になるからといって、人に会っている最中にガムを噛んだり、アメを舐めたりするのはいただけません。クチャクチャとガムを噛みながらしゃべるのは、相手に対しても失礼です。口臭予防は、あくまでも「人に会う前にすませておく」のが基本になりますので、この点もご注意ください。

消臭グッズで嫌われるリスクを減らす

ブラウン大学（USA）

人に好かれたいのであれば、口臭予防は言うまでもありませんが、体臭についても同じことが言えます。

「この人は、何日もお風呂に入っていないのではないか?」と思われるくらい、体臭のキツイ人がいるのですが、そういう人が好かれることは間違ってもありません。思わず顔をそむけたくなるような不快臭をさせている人が好かれることは、絶対にないと断言してよいでしょう。

米国ブラウン大学のレイチェル・ハーツは、約200名の男女大学生に、「恋人を選ぶときに、何を重視しますか?」という質問をし、7点満点で答えてもらいました。ハーツは、恋人選びの基準として、体臭と外見について調べてみたのですが、その結果が左ページです。

女性は見た目よりもニオイ重視

	男性	女性
体臭	5.03	5.59
外見	5.75	5.26

(出典:Herz, R. S. & Inzlicht, M., 2002)

興味深いのは、**女性にとっては、外見よりも体臭のほうが重要**だと答えている点。女性にとっては、イケメンであるかどうかということより、不快な臭いを漂わせていないかどうかのほうが、よほど大切なのですね。これは意外な結果です。

口臭については、ブレスケアやマウスウォッシュなどで予防できますが、体臭についてはコロンや香水などのフレグランス商品があります。これらを使うのもいいでしょう。

しかしながら、ハーツの実験においては、実のところ、男女ともにコロンや香水よりは、自然な体臭のほうが好ましいということも明らかにされていますので、あまり匂いのきつすぎるようなものはおススメできません。

個人的には、「いい香り」を漂わせるよりは、むしろ「無臭」を目指したほうがいいのかな、とも思います。汗の臭いや、加齢臭をなくす「消臭スプレー」はいくらでも市販されていますので、そういうものを携帯しておくといいかもしれませんね。

コロンや香水に関しては、人によって好みの香りも違うでしょうし、自分では「いい香り」だと感じるものも、他の人が同じように感じるかどうかはわかりません。その意味では、香りもリスキーなところがあるわけです。その点、「消臭スプレー」のほうは、体臭をゼロにすることを目的としているので、こちらのほうが嫌われるリスクは減らせるのではないかと思われます。

ニンニクの意外な効果

プラハ大学（チェコ）

ニンニクを食べると、いつまでも臭いが残ります。ですから、「人に会う前には、ニンニクを使った料理は食べるな」というアドバイスがなされるわけですね。

なぜニンニクが臭いのかというと、ニンニクが消化されると、アリシンという物質が血液に乗って全身をめぐるから。全身をめぐったアリシンは、皮膚からも汗として排出されるので、口が臭くなるだけでなく、体臭としても臭いを発生してしまうのです。

ところがですよ、心理学の専門雑誌を読んでいたら、「いいや、それは違う。むしろ、ニンニクの臭いは、魅力をアップさせることもあるのだ」という衝撃的な内容の論文を見つけてしまいました。

この論文を発表しているのは、チェコ共和国にあるプラハ大学のジッカ・フィアロヴァ。フィアロヴァは、10名の大学生にお願いし、パンの上にフレッシュチーズと6gのニンニクをのせて食べる条件と、フレッシュチーズだけのせて食べる条件を設けて、食後から

12時間、コットンパッドを脇の下につけさせて体臭を採取しました。

そのパッドの香りを、14名の女性に嗅いでもらって、魅力を測定してみたところ、なんとニンニクを食べたグループの体臭のほうが好ましい、という結果が得られたというのです。なんとも驚きの結果です。

私もこの論文を初めて読んだとき、「あれっ、魅力は逆に下がるのではないか!?」と思いまして、誤植か何かだと思ってしまいました。しかし、何度読み返してみても、ニンニクの香りは魅力を高めるという実験内容だったのです。

そういえば、香水を製造するとき、あえてうんちやオナラの素《もと》となるような化学物質を、ほんのごくわずかながら含めると、かえって好ましい香りになるという話を聞いたことがあります。ニンニクの臭いのする体臭が、女性に好ましいと感じられるのは、こういう原理と似ているのでしょうか。ちょっとわかりません。

一応、ニンニクを食べると魅力的な体臭になるという論文を見つけたのでご紹介はしましたが、そうはいってもニンニクの香りはキツイですからね。基本的には、できるだけ体臭がしないように、毎日きちんとお風呂に入り、あまり香りのキツイ料理は避けたほうが無難なのかな、と思います。

香水を選ぶなら、シャネルのエゴイスト プラチナム

リバプール大学(イギリス)

異性を惹きつける働きをする化学物質は、フェロモンと呼ばれています。動物のオスやメスが、異性を惹きつけるために発するわけですが、人間もやはり動物のお仲間なので、似たようなフェロモンがいくつか確認されています。人間については、まだ未確定のところも多いのですが。

男性が女性を惹きつけるフェロモンとして最有力候補とされているのが、アンドロスタジエノンという物質。この物質を身体に振りまいておくと、あら不思議、女性がわらわらと引き寄せられてくる(実際にはそんなに簡単ではありませんが……)、という魔法のような効果が発揮されるのです。

英国リバプール大学のタムシン・サクストンは、男女の大学生を集めて、スピードデート実験をしてみました。スピードデートというのは、前にも触れましたが、すべての参加者と数分ずつおしゃべりしていくという、集団お見合いパーティのようなものだと思って

ください。

サクストンは、お互いに面識があることを避けるため、ある大学からは女子大学生だけを募集し、男性は近隣にある別の大学から募集しました。

さらに、サクストンは、地元のスピードデートサービスを行っている会社にもお願いして、そちらで主催された2つのイベントでも同じ実験をやらせてもらいました。合わせて3つのスピードデート実験をしたわけですね。

サクストンは、男性参加者を3つのグループにわけ、口と鼻の間に、コットンで香水をつけました。つけたのは、アンドロスタジエノン、クローブオイル、水、の3種類のいずれか。なお、アンドロスタジエノンの濃度は、相手が感じられないほどに薄めました。

それからスピードデートをしてもらい、どれくらい女性参加者から人気が出たのかを調べてみると、3つのイベントのうち2つでは、たしかにアンドロスタジエノンをつけると男性の魅力がアップすることが判明したのでした。まさに、アンドロスタジエノン恐るべし、という結果です。

おそらく読者のみなさんにとっては、「アンドロスタジエノン」などという舌を噛みそうな化学物質のことは、よくわからないと思うのですけれども、実はアンドロスタジエノンが含まれている香水はすでに市販もされています。

試しに私がネットで調べたところ、「シャネルのエゴイスト プラチナム」という商品には含まれているようでした。他にもいろいろあるようですので、気に入ったものを選ぶとよろしいでしょう。

アンドロスタジエノンで女性を惹きつけてしまおう、というと、何となく怖いような気もしますが、よくよく考えてみると、女性は女性で、化粧や香水を使って、何百年、いや何千年も前から、男性を惹きつけるための作戦を実行しているのですよね。そう考えれば、男性がアンドロスタジエノンを使うこともそれほど卑怯な方法でもないのかな、と思います。

あまりメイクをしないほうがいい場合がある

エクス=マルセイユ大学(フランス)

女性はメイクをすると魅力がアップします。女性は、メイクによってその魅力を変えることができるわけですが、そうは言っても、あまりメイクをしていることがわからないようにしたほうがいい人もいます。それは、若い女性。若い女性がメイクをすると、かえって魅力が落ちてしまうこともあるのです。

フランスにあるエクス=マルセイユ大学のパスケル・ウゲットは、12人の女性にプロのエステティシャンがメイクをしたときの写真と、メイクを落としたときの写真を撮り、181名の人に見せて、10点満点で魅力の得点をつけてもらいました。

すると、メイクをしたときには4・56点と評価され、メイクなしのときには4・08点と評価されました。メイクをすると魅力はアップしたのです。

ただし、若い女性では違いました。若い女性に限ってみると、メイクをしていないすっぴん顔のほうが、魅力は高かったのです。

これは何となくわかりますね。私も、中高生の女の子がメイクをしていると、「やらないほうがいいのにな」と思うことがあります。もともと若いので、肌ツヤもいいわけですし、メイクの必要もありません。しかも、メイクをすると魅力が下がるのですから、逆効果です。

何年くらい前になるのか、ちょっと思い出せませんが、若い女性の間に「ヤマンバメイク」というものが流行ったことがありました。ほとんど、もとの顔がわからないくらいに、てんこ盛りをしたメイクの女の子たちが街中を闊歩していたのですが、どう見ても「ヘン」でした。

ヤマンバメイクに魅力を感じた人はいないと思うのですが、流行ったということは、少しは魅力を感じた人もいるのでしょうか。その辺の事情は、ちょっとよくわかりません。

若い女性は、メイクをするにしても、ばっちりメイクをするのではなく、ナチュラルメイクくらいにしておいたほうがいいでしょう。それで十分のような気がします。

話は変わりますが、自分に自信がない人は、メイクをするといいですよ。

米国オールド・ドミニオン大学のトーマス・キャッシュは、メイクをしている状態、またはノーメイクの状態で、自分の外見について得点をつけてもらったことがあるのですが、メイクをしたときのほうが、自分の外見に自信が持てるようになることがわかったのです。

あまり自分の外見に自信がないというのなら、メイクによって自信を強化するのもいいアイデアですね。

最近では、男性でもメイクをする人がチラホラと増えているような印象を受けますが、残念ながら、男性のメイクの効果を調べた研究を見つけられませんでした。なんとなく男性でもメイクをすると、魅力も高まったり、自信もついたりするように思いますが、確定的なことはまだよくわからない状況です。

「時間」が男の魅力をアップさせる

アバーテイ大学(スコットランド)

年齢に関して言いますと、男性は女性よりも年上であるなら、それだけでモテます。女性は年上が好きなので。ありがたいことに、だれでも等しく年をとっていくので、何か特別な努力をしなくとも、しばらく年数が経過するのを待っていれば、男性は魅力がアップするのです。怠け者には、非常にありがたいですね。

スコットランドにあるアバーテイ大学のフィオナ・ムーアは、オンラインで募集した1919名の男性と、1851名の女性に、理想のパートナーの年齢を尋ねてみました。

その結果、女性はというと、自分よりも2歳から3歳年上の男性を理想とすることがわかりました。

「大学1年生の女子は、大学3年生の男性とお付き合いすることが多いよな」と私は長らく勝手に思い込んでいたのですが、私の思い込みは、根拠のないものではなかったことになります。実際にデータをとってみると、たしかに女性は2、3歳上の男性を好むようですからね。

逆に、男性は自分よりも若い女性を好むのですけれども、ムーアによると女性よりちょっと複雑です。男性の場合には、「本人の稼ぎ」にも影響を受けて、お金持ちほど、より若い女性を好むのです。ムーアの調査によると、経済的に余裕のある男性は、3歳くらい若い女性を理想とするのですが、あまり余裕のない男性は、自分と同年齢か、0・5歳しか若い女性を理想としないのです。

お金持ちは、それだけ自分に魅力があることを知っていて、だからこそ強気により若い女性を好むのかもしれません。逆に、お金のない人は、そんなに高望みをしないようです。

そういえば、米国前大統領で、不動産王のドナルド・トランプ氏とメラニア夫人との年齢差は24歳。超がつくほどのお金持ちになると、かなり強気に、若い女性を選ぶのでしょうか。

ともあれ、年上というだけで魅力が高まることは、男性にとっては非常に嬉しいことですよね。だれでも年齢が上がると、モテるかもしれないのですから。今はモテなくとも、2年くらい待てば、年下の女性にモテるようになるかもしれません。そんなことを夢想しながら、ウキウキと陽気に日々の生活を送ってください。

田舎に住んでみる

ジョージア大学（USA）

俗に「都会の人は冷たく、田舎の人は温かい」と言われています。

都会にはとにかく人が多いので、相手がどんな人なのかを判断しなければならない機会も多くなり、そのため「見た目重視」になりがちです。人があまりにも多いので、いちいち深く付き合っていられない、という事情があるのです。

その点、田舎には、そもそもあまり人がいません。そのため、一人一人と深いお付き合いができることになり、こういうときに人は、見た目よりも、「性格や人柄を重視」して人を判断することになります。

米国ジョージア大学のヴィクトリア・プラウトは、面白い仮説を思いつきました。

「一般に、外見の魅力はとても重要だけれども、それは都会だけの話ではないか。外見がモノを言うのは都会だけで、田舎ではそんなこともないのではないか」という仮説です。

プラウトはこの仮説を検証するため、全米で行われた中高年発達調査というデータを使い、都市部の人と、田舎に住む人を比較してみたのです。中高年発達調査では、本人の魅力の他に、人生満足度や、社会的なつながり（友人、コミュニティ）の感じ方なども調べられていました。

その結果、都市部で暮らす人だと、魅力的な人は、人生満足度も高く、人とのつながりも感じられたのですが、魅力的でない人は、人生満足度も低く、つながりも感じられないことがわかりました。都会で暮らす人にとっては、本人の魅力がとても重要だったのです。

ところが田舎では違いました。本人の魅力など、まったく関係がありませんでした。魅力的でなくとも、幸せに生きていけますし、人とのつながりも感じられました。

「私は、見た目にはあまり自信がないんですよ、トホホ……」という人は、田舎に移住してみるのはどうでしょうか。これは意外によいアイデアだと思われます。

田舎の人は、あまり外見で人を判断しません。ごく気さくに話しかけてくれますし、人柄で判断してくれるでしょう。

逆に、顔だちに自信があるのなら、都会に住みましょう。顔だちがいい人のほうが、周囲もチヤホヤしてくれるので、いろいろとトクをするはずです。

コラム

女性にモテる職業

私は小さな頃、医者になりたいと思っていました。手塚治虫先生の『ブラック・ジャック』に憧れ、自分も外科医になりたいと思っていたのです。

読者のみなさんは、お医者さんという職業を聞いて、どんなイメージを持つでしょうか。カッコいいとか、憧れのようなものを感じませんか。

実際、「医者」という職業は、女性にもモテるようですよ。

カナダにあるセント・メアリーズ大学のアンソニー・コックスは、女性向けのロマンス小説において、登場人物がどんな職業についているのかを調べたことがあります。ロマンス小説の登場人物には、女性の夢や憧れが投影されているので、どんな職業の男性を好むのかがわかるはずです。コックスが調べたところ、1位は「医者」でした。お医者さんは、女性にとってもっとも好ましい職業のようですね。

医者というと、医学部を卒業しているので、高学歴ですし、高給取りですので、経済的にも余裕があります。もう、これだけで女性にモテる要素はそろってしまっています。医者になるのは大変でしょうが、医者を目指すだけの価値は絶対にあるといえるでしょう。

ちなみにコックスの調査では、上位20位までの中に、カウボーイ、海賊、兵士、ボディガード、保安官なども入っており、肉体派の職業も人気があるようです。そちらを目指すのも悪くありません。

南ブルターニュ大学のニコラス・ゲガーンは、肉体派の職業の代表である「消防士」も、女性にモテるのではないかと考えて、街中で実験をしています。

消防士のユニフォームを着て、あるいは一般人の恰好（ジーンズにスニーカー）で、一人歩きの女性にニコッと微笑んでみたのですが、消防士の服装のときには86・7％の女性が笑顔を返してくれたのに、一般人の服装のときには23・3％しか笑顔を返してくれませんでした。消防士という職業も、女性には魅力的に見えるようですね。

「今の職業を辞めて、違う職業になるのはちょっと……」という人のために、現実的なアドバイスもしておきましょう。

それは、今の職場で仕事を頑張ること。コックスの調査では、女性が好む職業の4位に「上司」が入っています。上司が職業と呼べるのかどうかは疑問ですが、女性は上司も好きなのです。おそらく、上司は、頼りがいがあって、面倒を見てくれるからでしょう。

仕事を頑張っていれば、給料も上がるでしょうし、昇進すれば女性にもモテるので一石二鳥ですね。

第6章

好意を操る無意識の心理法則

――なぜか惹かれてしまう「魅力の正体」研究

光源氏現象とは

ペーチ大学（ハンガリー）

動物の赤ちゃんは、生まれて初めて見るものを、自分の親だと思い込みます。たとえば、カモの赤ちゃんは、生まれてすぐ目にしたものが人間だと、その人を自分の親だと思い込んで、ちょこちょこと追いかけるようになります。

こういう現象は「インプリンティング」（刷り込み）と呼ばれているのですが、実は、人間にも同じようなメカニズムが備わっているらしいことがわかっています。

多くの人は、自分の親と似ている人を好きになりやすいのですが、この現象は**「セクシャル・インプリンティング」**と呼ばれています。どこか自分の親と面影が似ているような人に対して、私たちは好意的な感情を抱きやすいのです。

ハンガリー最古の大学と言われているペーチ大学のタマス・ベレツキーは、養子として育てられ、大きくなってから結婚した26人を集めて、自分の育ての親の若い頃（自分が2歳から8歳の頃）の写真と、配偶者の写真を持ってきてもらいました。

その写真を２４２名の大学生に見せて、どれくらい似ていると思うかを判断してもらったところ、「育ての親と、結婚相手はものすごく似ている」と判断されることがわかりました。

私たちは、自分では気づかないうちに、自分の親と似ている人を選びやすいのですね。「昔から見慣れた顔」のほうが、安心できるとか、親しみや好意を感じやすいのです。そのため、そういう人を無自覚のうちに選んでしまうのでしょう。

そういえば、『源氏物語』の主人公である光源氏も、亡き母に瓜二つと言われた藤壺への愛情を抑えられませんでした。また、初恋相手の藤壺の姪である紫の上を妻にしています。自分が愛した人に、よく似た人に恋心を抱いてしまうセクシャル・インプリンティングは、決して珍しくもない現象なのかもしれません。

セクシャル・インプリンティングは、親以外の対象でも見られるかもしれません。

たとえば、幼稚園や小学校の先生を好きになった人が、大人になってから、子どものときに好きだった先生と似ている人を結婚相手に選ぶこともあるのではないか、という気がします。残念ながら、私はそういう研究を見たことはないのですが、可能性としては大いにあり得ると思っています。

ぽっちゃり系が人気の理由

カリフォルニア州立大学（USA）

私たちは、自分を育ててくれた親と似ている人に好意を感じてしまうものですが、それは「顔だち」だけに限りません。実は、「体型」についてもいえるのです。

たとえば、ある人の親は、ぽっちゃり体型であるとしましょうか。だとすると、その人は、ぽっちゃり体型の人を好きになりやすいのです。たいていの人は、男女ともに、スレンダーな人を好ましく評価するものですが、自分の親がぽっちゃり体型の人には、当てはまりません。親がぽっちゃり体型の人は、肥満であることにもそんなに抵抗がありません。小さな頃からよく見慣れた体型ですからね。むしろ、肥満者のことを好ましく評価します。

目の覚めるような美人が、でっぷりと太った男性と街中を歩いているときがあります。多くの人は、「まさに美女と野獣の組み合わせだ」と首をかしげるかもしれませんが、おそらくは、その美人のお父さんが、かなりの肥満なのでしょう。彼女にとっては、太っている男性のほうが心理的に落ち着くのではないかと思われます。

実験データをひとつご紹介しておきましょう。

カリフォルニア州立大学のアラン・ミラーは、男性の体型がそれぞれ異なる7つの写真を、32名の女子大学生に見せて、「恋人として望ましい人は、だれ?」と聞いてみました。また、父親の体型と近い順番にランクもつけてもらいました。

すると、32人中17人が、父親にもっとも体型が似ている人を恋人として望ましい人に選んでいることがわかりました。残りのうち8人がまったく似ていない人を、7人は真ん中でした。100人中100人というわけではないのですが、かなりの高確率で私たちは、自分の親と体型が似ている人に好ましさを感じるといってよいでしょう。

「お父さんに似ている人だけは、絶対にイヤ!」という人も、ある一定層はいるようですが(ミラーの実験では32人中8人)、大まかな傾向としていえば、体型についても親と似ている人を好ましく感じるといってよさそうです。

気になっている人がいるなら、まずはその人の親がどんな顔だちで、どんな体型なのか、SNSなどを利用して調べてみるといいかもしれませんね。もしその親御さんが、自分と似た顔、あるいは似た身体つきだったりすれば、かなりのチャンスがあると思ってよいと思いますよ。少なくとも、「嫌いなタイプじゃない」とは思ってもらえるはずです。

老け顔が好まれる心理

セント・アンドリュース大学（スコットランド）

私たちは、だいたい同じような年齢の人を好きになります。3歳から4歳くらいの年の差はあるのですが、おおよそ同じ年齢層を好みます。

ところが世の中には、10歳も20歳も年上の人を好きになる女性もいるのです。まだ20歳だというのに、40歳以上の男性に魅力を感じる女性がいるのです。こういう女性は、哀愁が漂う年配者の男性が大好きです。

まだ40歳、50歳の男性に「枯れた」という表現を使うのは適当ではないのかもしれませんが、かなりの年上好きの女性は「枯れ専」（枯れた男性が専門の略）とも呼ばれているようですね。

ただし、心理学を学んでいると、「そういう子もたしかに世の中にはいるだろうな」ということが理解できます。

では、どういう子がかなりの年上好きになるのかというと、ポイントになるのはお父さんの年齢。その子が生まれたとき、お父さんがかなりの年配者だったりすると、その子は当然ながら、「老けた顔の男性」を赤ちゃんのときから見慣れることになり、そういう子にとっては、老け顔の人のほうが魅力的になるのです。

スコットランドにあるセント・アンドリュース大学のデビッド・ペレットは、83名の男女に、それぞれの両親が何歳のときに自分が生まれたのかを聞きました。それから、いろいろな年齢の顔写真を見せて、デートの相手としての魅力を尋ねてみました。

その結果、比較的年齢の高い両親に生まれた子どもは、若い顔に対してはあまり魅力を感じることがなく、むしろ年齢を重ねた老け顔に魅力を感じやすい、ということが判明したのです。

ペレットの実験では、男女が参加しているので、この結果は、男性にも当てはまると考えてよいでしょう。通常、男性は若い女性を好むものですが、自分が生まれたときにお母さんがかなり高齢だったりすると、若い女性よりも、自分より年上の女性を好むようになります。小さな頃から受けた刷り込みの影響によるのです。

「私は、老け顔だから、異性にはモテないだろうなあ……」とため息をついている人がいるかもしれませんが、そんなことで悩む必要はまったくありません。広い世の中には、「老け顔のほうが、ずっとイイ！」と感じてくれる人が、ある一定層はしっかりいるようですので、安心していいのです。

小さな頃から老け顔に慣れた人にとっては、むしろ「老け顔である」という自分のコンプレックスに感じていたものが、まさに魅力の源泉になるわけですから、もっと自分の老け顔に自信を持ってもいいくらいですよ。

〝最低男〟にも希望はある

ダラム大学（イギリス）

思いやりがあって、親切心にあふれ、自分がソン（労力、時間など）をしても他の人のためになることをしてくれる男性はモテます。

「そんなの当たり前のことじゃないか」と思われるかもしれませんね。

そこで、まったく逆のことも指摘しておこうと思います。

人をだまして食い物にすることに快感を覚え、不誠実で、不道徳で、自己中心的にしか行動できないタイプ、すなわち〝最低男〟についても、女性は魅力を感じるのです。こちらについては、「ええっ？」と驚きを隠せない人のほうが多いのではないでしょうか。

英国ダラム大学のグレゴリー・カーターは、最低男によく見られる3つの性格、すなわち、

1 マキャベリ的タイプ（マキャベリズム）

イタリアのマキャベリという人物が唱えた思想。目的を達成するためなら、何をしても

ＯＫという、ひどく合理的ではあっても、冷たい思想の持ち主

2 ナルシスト

言うまでもなく、他の人のことなどこれっぽっちも考えず、自己中心的な人

3 サイコパス（反社会性パーソナリティ障害）

良心が欠如していて、人の心の痛みがわからず、無慈悲で、尊大

これら３つの性格の持ち主は、女性に魅力を感じさせるのだ、とカーターはとんでもないことを指摘しているのです。

一体、どんな理由でこういうタイプが女性にモテるというのでしょう。絶対にモテないような気がしてならないのですが。

カーターによると、理由はこうです。前述した３タイプに当てはまる男性は、人をだますのが上手なので、自分が素晴らしい男性であるような演技がとても巧みなのです。また、社交的に振る舞うので、それにだまされる女性もいます。さらに、彼らは堂々として、自信があるようにも見えるので（これも演技ですが）、その自信たっぷりな姿に魅力を感じる女性もいるのです。

こういう理由で、いわゆる〝最低男〟もモテるのです。

世の中には、「あんなに最低な男を、よく選ぶ女性がいるものだ」と感心してしまうケースもあるわけですが、そういう男性にも女性は魅力を感じることがあるのです。

もちろん、だからといって、読者のみなさんは、そういう〝最低男〟を目指してはいけません。人をだましてお付き合いしても、それは健全な人間関係とはいえませんし、お互いに満足できるわけがないからです。

やはりこれまで述べてきたように、ごく常識的なアプローチではあっても、人に親切にして、思いやりを持って接するほうが、よほど自分も相手もお互いに気持ちよくお付き合いできると思います。

「名前」ひとつで変わるSNSの承認率

インスブルック大学（オーストリア）

自分では、どうすることもできない点で魅力が決まってしまうこともあります。そのひとつが、名前。

名前は、自分が生まれたときに親（あるいは祖父母など）がつけてしまうので、自分ではどうにもなりません。大人になってから、改名の手続きをすれば名前を変えることもできるようですが、申請書類を作成するのも何だか面倒ですし、せっかく親がつけた名前なのだからと考えると、やはり少しは躊躇してしまいます。

自分ではどうにもならないのが名前なのですが、名前によって相手に与える印象が変わってきてしまうのも事実。好かれることもあれば、嫌われることもあるので、自分の名前を変えるべきかどうかは、非常に悩ましいところです。

オーストリアにあるインスブルック大学のトビアス・グレイトマイヤーは、インスブルック大学の学生で、フェイスブックをやっている人を検索エンジンで探し、架空の人物を装っ

好ましい名前からの友達申請は、OKする割合が高くなる

	好ましい名前	好ましくない名前
男性	34.6%	21.0%
女性	35.2%	25.0%

(出典:Greitemeyer, T., & Kunz, I., 2013)

て、友達リクエストをしてみました。「私もインスブルック大学の学生なんですよ。お友達になってくれませんか?」という文章を送ったのですね。ただし、このときグレイトマイヤーは2つの条件を設けました。

架空の名前を、好ましいイメージを与える名前と、好ましくない名前のどちらかにしたのです。たとえば、男性の場合には、好ましい名前は「マクシミリアン」、好ましくない名前は「ウーエ」(Uwe)でした。なお、好ましい名前かそうでないかは、別の研究で確認済みのものを使いました。

では、友達リクエストを受け取った人は、どう反応したのでしょう。7日以内に受けてくれるかどうかを測定したところ、上のような結果になりました。

男性も女性も、好ましい響きや、好ましいイメージを感じる名前の人から友達リクエストを受けたときには、OKしてくれる割合が高くなることがわかりますね。

この研究から、名前によって、相手に与える印象や魅力はずいぶんと違ってくることがわかります。

もし自分の名前でソンをしていると感じるのなら、面倒ではあっても改名してみるのもひとつの手でしょう。

歌手の五木ひろしさんは、デビュー当時の芸名は「松山まさる」でしたが、まったくの鳴かず飛ばず。そこで「一条英二」と改名しましたが、これもダメ。さらに「三谷謙」という名前にもしましたが、これもイマイチ。最後に「五木ひろし」になってから、ようやくヒットに恵まれるようになったといいます。名前はとても大切なのですね。

名前が似ているカップルが多い謎

米国陸軍士官学校（USA）

名前は非常に重要なのですが、たまたま自分と同じ名字の人と名刺交換をしたりすると、いっぺんに心を許してしまうというか、親しみを感じてしまうことが少なくありません。

私は「内藤誼人」ですが、時折、大学の受講生名簿に「内藤」という名字の学生がいると、ついエコヒイキの一つもしたくなります。

不思議なことに、名前が似ていると、結婚の可能性も高まるのですよ。

米国陸軍士官学校（ユナイテッド・ステーツ・ミリタリー・アカデミー）のジョン・ジョーンズは、ジョージア州の役所にある結婚記録1万1455名分、さらにフロリダ州の結婚記録3079名分の夫と奥さんの名前（ファーストネームとラストネーム）の一致度を調べてみたのですが、非常に高かったそうです。

ジョージア州では、お互いの名前がたまたま一致してしまう確率（期待値といいます）は、6・55％なのに、結婚した夫婦の一致率は7・51％。これは期待値より約15％も高いことになります。フロリダ州も同じで、偶然の名前の一致率は6・86%ですが、夫婦では8・70%。約25%も高いことがわかりました。

私たちは、自分とよく似た名前の人には、好ましさや魅力を感じやすいといえます。

もし、読者のみなさんの名字が、佐藤、鈴木、高橋、田中、渡辺のどれかなら、非常にラッキーですよ。

というのも、この5つの名字が、日本人に多い名字ランキングのトップ5ですから。名字が多いということは、それだけ同じ名字の人に出会う確率も高くなるわけで、同じ名字の人には、好意を感じてもらいやすいと考えられます。つまりは、「名前だけで好かれやすい人」といってよいのですね。インターネットを使えば、自分の名字のランキングは簡単に調べることができますので、ちょっと試しに調べてみるのも面白いかもしれません。

名前についても、同様のことがいえます。日本人に多い名前であればあるほど、それだけ好かれやすいと期待できます。

「自分と同じ名前の人がいっぱいいて、イヤだなあ」と感じる人がいるかもしれませんが、そんなことはありません。名前が同じ人が多いということは、それだけ仲良くなれる確率も高くなるということですから、実は、喜ばしいことなのです。

モテるのなら、隠す

アリゾナ州立大学(USA)

もし読者のみなさんが、かなりの色男、色女であるのなら、あまりそれを誇示せず、むしろ控えめに隠したほうがいいかもしれません。

というのも、あまりにもモテモテだと、かえって魅力が落ちてしまうから。

アリゾナ州立大学のダグラス・ケンリックは、恋人経験の数がいろいろに違う男女の紹介文を読ませて、好ましさを聞いてみました。

その結果、女性から見た場合、元カノの数がゼロから2人くらいの男性が望ましい、ということがわかりました。付き合った恋人が3人以上になると望ましさは落ちました。あまりにたくさんの人とお付き合いして、恋人をとっかえひっかえしているような人は望ましくないと思われるのです。

男性から見た場合も、傾向は同じでした。元カレの数がゼロから4人までは、1人増えるごとに魅力が高まりましたが、5人以上の男性とお付き合いしたことがある女性は、敬遠されたのです。

お付き合いした恋人の数がたくさんいたとしても、そういうことは隠しておいたほうがいいでしょう。

「私はまったくモテないので、自分の年齢がそのまま恋人がいない歴なんです」という人もいるでしょう。ちょっぴり切ないことではありますが、お付き合いした経験がないということは、実をいうと、魅力を感じさせる要因でもあるのです。そう考えれば、少しは救われるのではないでしょうか。

モテる人のことを羨ましいと思うかもしれませんが、たくさんの人とお付き合いしている人は、逆に引かれてしまうこともあるのです。また、モテる人は、同性からも嫉妬されやすく、「あの人は、いろんな男（女）と遊んでいるみたいよ」と陰口を言われたり、おかしな噂を立てられたりすることもあるでしょう。

何事も考え方次第で、私たちはハッピーになれるのですが、「お付き合いしたことがない」ということは決して汚点にならず、むしろ美点。「私は、恋人がいたことがない」ということは隠さずに、むしろおおっぴらにアピールしましょう。「そういう人がイイ」と感じてくれる人は、予想以上に多いと思いますよ。

コラム

ハーフタレントはなぜ人気？

ハーフのタレントには、美男美女が多いと思いませんか。そもそもタレントになれるくらいなのですから、美男美女ばかりというのもうなずける話ですが、一般の方でもハーフには美男美女が多いような気がします。そういう気がするのは、私だけではないはずです。そこで、ハーフやクォーターの人ほど、なぜ美男美女になりやすいのかを考えてみましょう。

たくさんの人の顔写真を集めてきて、合成してできた顔のことを「平均顔」といいます。一人一人の顔を見れば、鼻が大きすぎたり、口が大きすぎたり、左右のバランスが崩れていたりするものなのですが、平均の顔を作ると、極端な特徴がすべてならされて、魅力的な顔になってしまうのです。

もともと平均顔を作ってみようと最初に考えたのは、イギリスの人類学者であり、統計学者であり、遺伝学者であり、心理学者でもあり、その他いろいろと数えきれないくらい多様な研究を行っていたフランシス・ゴールトンという天才的な学者でした（進化論で有名なダーウィンのいとこでもあります）。

ゴールトンは、もともと犯罪者の顔写真をたくさん集めてきて、彼らの平均顔を作ってみたら、ものすごく醜悪で、典型的な犯罪者の顔ができあがるのではないかと考えました。ところが実際にやってみると、ものすごく素敵な平均顔になってしまったのです。

平均顔については、ゴールトン以降も、たくさんの研究がなされてきましたが、今では、どんな顔もたくさん混ぜるほど、魅力的な顔ができあがることがわかっています。

最初の話に戻ると、ハーフタレントが魅力的なのも、ご両親の顔の特徴が平均化されてできた顔だから。

西オーストラリア大学のギリアン・ローデスは、中国人24名の顔と、コーカサス系の人24名の顔を合成した写真を作ってみたのですが、中国人だけで作った24人分の平均顔より、コーカサス系の人だけで作った24人分の平均顔より、すべてをブレンドした48人の平均顔のほうが、さらに魅力的になることを突き止めています。

あるテレビ番組で、国際結婚の多い国のランキングを調べたところ、1位はスイスだったそうです。いろいろな国の人と結婚することが多いということでいえば、スイス人には、いろいろな人種の特徴が平均化される結果として、美男美女が多いのかもしれませんね。

おわりに

「人に好かれなくたってかまわない」
「人気者になれなくともよい」
「魅力なんて感じてもらえなくていい」

そんなふうにひねくれて考える人は、おそらくいないでしょう。口では、そういうことを言う人でさえ、心の奥底のホンネとしては、「やっぱり好かれたいな」と思っているのではないかと思われます。

そこで本書では、心理学における「対人魅力」と呼ばれる分野で蓄積されてきた研究を１００本選び、それをみなさんにご紹介させていただきました。

１００本の論文というと、相当に多いように感じるかもしれませんが、とんでもない。対人魅力に関する論文は、ゆうに何万本もあるのですよ。試しに、PsycInfoというデータベースに「魅力」（attraction）と入れて検索してみると、１万４千本以上の論文が見つかりました。

読者のみなさんも人間の魅力に興味はあると思うのですが、心理学者も魅力には興味があります。ですから、とんでもない量の論文が発表されているのです。

本書では、その中から、特に面白そうなもの、できるだけ最新のもの、という基準で100本の論文を選びました。とにかく論文があまりにも多いので取捨選択が大変でしたが、それだけ面白い内容の本が執筆できたと思います。

本書を最後までお読みくださったみなさんは、すでにかなりの心理学の知識をマスターした「魅力のエキスパート」と言ってよいと思います。

本書を読んで単純に「面白かった」というだけでも著者としては嬉しいのですが、できれば現実の生活の中で、ぜひご自分の魅力を高めるために、本書の知識を役立ててください。実践すればするほど、本物の魅力のエキスパートになれますからね。

さて、本書の執筆にあたっては、青春出版社の野島純子さんにお世話になりました。この場を借りてお礼を申し上げます。野島さんには、前作『ビジネス心理学の成功法則100を1冊にまとめてみました』も担当していただいたのですが、「ビジネス心理学も面白かったので、今度はぜひ魅力をテーマにまとめてください!」という嬉しいお言葉をいただき、本書が日の目を見ることになりました。

最後に、読者のみなさまにもお礼を申し上げます。ありがとうございました。本書によって、みなさまの魅力がさらに大きくアップすることを願いながら、筆をおきます。最後までお付き合いいただき、本当にありがとうございました。

内藤誼人

90. Tantleff-Dunn, S. 2002 Biggest isn't always best: The effect of breast size on perceptions of women. Journal of Applied Social Psychology ,32, 2253-2265.
91. Tracy, J. L. & Beall, A. T. 2011 Happy guys finish last: The impact of emotion expressions on sexual attraction. Emotion ,11, 1379-1387.
92. Tifferet, S., Kruger, D. J., Bar-Lev, O., & Zeller, S. 2013 Dog ownership increases attractiveness and attenuates perceptions of short-term mating strategy in cad-like men. Journal of Evolutionary Psychology ,11, 121-129.
93. Todorov, A., Mandisodza, A. N., Goren, A., & Hall, C. C. 2005 Inferences of competence from faces predict election outcomes. Science ,308, 1623-1625.
94. Tornquist, M. & Chiappe, D. 2015 Effects of humor production, humor receptivity, and physical attractiveness on partner desirability. Evolutionary Psychology ,13,1-13.
95. Van Kleef, G. A., Homan, A. C., Finkenauer, C., Gündemir, S., & Stamkou, E. 2011 Breaking the rules to rise to power: How norm violators gain power in the eyes of others. Social Psychological and Personality Science ,2, 500-507.
96. Vincke, E. 2016 The young male cigarette and alcohol syndrome: Smoking and drinking as a short-term mating strategy. Evolutionary Psychology ,14, 1-13.
97. Vrugt, A. 2007 Effects of a smile reciprocation and compliance with a request. Psychological Reports ,101, 1196-1202.
98. Weege, B., Lange, B. P., & Fink, B. 2012 Women's visual attention to variation in men's dance quality. Personality and Individual Differences ,53, 236-240.
99. Whitchurch, E. R., Wilson, T. D., & Gilbert, D. T. 2011 "He loves me, he loves me not…": Uncertainty can increase romantic attraction. Psychological Science ,22, 172-175.
100. Zebrowitz, L. A., Franklin, R. G., Hillman, S. Jr., & Boc, H. 2013 Older and younger adults' first impressions from faces: Similar in agreement but different in positivity. Psychology and Aging ,28, 202-212.

78. Riela, S., Rodriguez, G., Aron, A., Xu, X., & Acevedo, B. P. 2010 Experiences of falling in love: Investigation culture, ethnicity, gender, and speed. Journal of Social and Personal Relationships ,27, 473-493.
79. Righetti, F. & Finkenauer, C. 2011 If you are able to control yourself, I will trust you: The role of perceived self-control in interpersonal trust. Journal of Personality and Social Psychology ,100, 874-887.
80. Roberts, S. C., Little, A. C., Lyndon, A., Roberts, J., Havlicek, J., & Wright, R. L. 2009 Manipulation of body odour alters men's self-confidence and judgements of their visual attractiveness by women. International Journal of Cosmetic Science ,31, 47-54.
81. Roberts, S. C., Owen, R. C., & Havlicek, J. 2010 Distinguishing between perceiver and wearer effects in clothing color-associated attributions. Evolutionary Psychology ,8, 350-364.
82. Rodeheffer, C. D., Leyva, R. P. P., & Hill, S. E. 2016 Attractive female romantic partners provide a proxy for unobservable male qualities: The When and Why behind human female mate choice copying. Evolutionary Psychology ,14, doi:10.1177/1474704916652144.
83. Salska, I., Frederick, D. A., Pawlowski, B., Reilly, A. H., Laird, K. T., & Rudd, N. A. 2008 Conditional mate preferences: Factor s influencing preferences for height. Personality and Individual Differences ,44, 203-215.
84. Saxton, T. K., Lyndon, A., Little, A. C., & Roberts, S. C. 2008 Evidence that androstadienone, a putative human chemosignal, modulates women's attributions of men's attractiveness. Hormones and Behavior ,54, 597-601.
85. Simmons, L. W., Peters, M., & Rhodes, G. 2011 Low pitched voices are perceived as masculine and attractive but do they predict semen quality in men? Plos One ,6, e29271.
86. Sorokowski, P. et al. 2011 Attractiveness of leg length: Report from 27 nations. Journal of Cross-Cultural Psychology ,42, 131-139.
87. Sprecher, S. & Duck, S. 1994 Sweet talk: The importance of perceived communication for romantic and friendship attraction experienced during a get-acquainted date. Personality and Social Psychology Bulletin ,20, 391-400.
88. Swami, V. & Barrett, S. 2011 British men's hair color preferences: An assessment of courtship solicitation and stimulus ratings. Scandinavian Journal of Psychology ,52, 595-600.
89. Swami, V. & Hernandez, E. G. 2008 A beauty-map of London: Ratings of the physical attractiveness of women and men in London's boroughs. Personality and Individual Differences ,45, 361-366.

66. Moore, D., Wigby, S., English, S., Wong, S., Székely, T., & Harrison, F. 2013 Selflessness is sexy: Reported helping behaviour increases desirability of men and women as long-term sexual partners. BMC Evolutionary Biology, 13, 182. Doi:10.1186/1471-2148-13-182.
67. Moore, F., Cassidy, C., & Perrett, D. I. 2010 The effects of control of resources on magnitudes of sex differences in human mate preferences. Evolutionary Psychology ,8, 720-735.
68. Moreland, R. L. & Beach, S. R. 1992 Exposure effects in the classroom: The development of affinity among students. Journal of Experimental Social Psychology ,28, 255-276.
69. Nida, S. A. & Koon, J. 1983 They get better looking at closing time around here, too. Psychological Reports ,52, 657-658.
70. Nisbett, R. E. & Wilson, T. D. 1977 The halo effect: Evidence for unconscious alteration of judgments. Journal of Personality and Social Psychology ,35, 250-256.
71. Parkinson, C., Kleinbaum, A. M., & Wheatley, T. 2018 Similar neural responses predict friendship. Nature Communications ,9,332. doi:10.1038/s41467-017-02722-7.
72. Perrett, D. I., Penton-Voak, I. S., Little, A. C., Tiddeman, B. P., Burt, D. M., Schmidt, N., Oxley, R., Kinloch, N., & Barrett, L. 2002 Facial attractiveness judgements reflect learning of parental age characteristics. Proceedings of Royal Society of London Series B: Biological Sciences, 269, 873-880.
73. Plaut, V. C., Adams, G., & Anderson, S. L. 2009 Does attractiveness buy happiness? "It depends on where you're from". Personal Relationships ,16, 619-630.
74. Prokosch, M. D., Coss, R. G., Scheib, J. E., & Blozis, S. A. 2009 Intelligence and mate choice: Intelligent men are always appealing. Evolution and Human Behavior ,30, 11-20.
75. Reis, H. T., Maniaci, M. R., Caprariello, P. A., Eastwick, P. W., & Finkel, E. J. 2011 Familiarity does indeed promote attraction in live interaction. Journal of Personality and Social Psychology ,101, 557-570.
76. Reitz, A. K., Motti-Stefanidi, F., & Asendorpf, J. B. 2016 Me, us, and them: Testing sociometer theory in a socially diverse real-life context. Journal of Personality and Social Psychology ,110, 908-920.
77. Rhodes, G., Yoshikawa, S., Clark, A Lee, K., & McKay, R. & Akamatsn. S 2001 Attractiveness of facial averageness and symmetry in non-western cultures: In search of biologically based standards of beauty. Perception, 30, 611-625.

52. Kayser, D. N., Elliot, A. J., & Feltman, R. 2010 Red and romantic behavior in men viewing women. European Journal of Social Psychology ,40, 901-908.
53. Kenrick, D. T., Sundie, J. M., Nicastle, L. D., & Stone, G. O. 2001 Can one ever be too wealthy or too chaste? Searching for nonlinearities in mate judgment. Journal of Personality and Social Psychology ,80, 462-471.
54. Koudenburg, N., Postmes, T., & Gordijn, E. H. 2013 Conversational flow promotes solidarity. Plos One ,8, e78363.
55. LeBel, E. P. & Campbell, L. 2009 Implicit partner affect, relationship satisfaction, and the prediction of romantic breakup. Journal of Experimental Social Psychology ,45, 1291-1294.
56. Lenton, A. P. & Francesconi, M. 2010 How humans cognitively manage on abundance of mate options. Psychological Science ,21, 528-533.
57. Lin, H. 2014 Red-colored products enhance the attractiveness of women. Displays, 35, 202-205.
58. Lippa, R. A. 2007 The preferred traits of mates in a cross-national study of heterosexual and homosexual men and women: An examination of biological and cultural influences. Archives of Sexual Behavior ,36, 193-208.
59. Lyvers, M., Cholakians, E., Puorro, M., & Sundram, S. 2011 Beer goggles: Blood alcohol concentration in relation to attractiveness ratings for unfamiliar opposite sex faces in naturalistic settings. Journal of Social Psychology ,151, 105-112.
60. Mallozzi, J., McDermott, V., & Kayson, W. A. 1990 Effects of sex, type of dress, and location on altruistic behavior. Psychological Reports ,67, 1103-1106.
61. Mannes, A. E. 2013 Shorn scalps and perceptions of male dominance. Social Psychological and Personality Science ,4, 198-205.
62. Mautz, B. S., Wong, B. B. M., Peters, R. A., & Jennions, M. D. 2013 Penis size interacts with body shape and height to influence male attractiveness. Proceedings of the National Academy of Sciences ,110, 6925-6930.
63. Meston, C. M. & Frohlich, P. F. 2003 Love at first fright: Partner salience moderates roller-coaster-induced excitation transfer. Archives of Sexual Behavior ,32, 537-544.
64. Miller, A. R. 1969 Analysis of the Oedipal complex. Psychological Reports ,24, 781-789.
65. Montoya, R. M., Horton, R. S., & Kirchner, J. 2008 Is actual similarity necessary for attraction? A meta-analysis of actual and perceived similarity. Journal of Social and Personal Relationships ,25, 879-912.

40. Herz, R. S. & Inzlicht, M. 2002 Sex differences in response to physical and social factors involved in human mate selection: The importance of smell for women. Evolution and Human Behavior ,23, 359-364.
41. Hornsey, M. J., Wellauer, R., McIntyre, J. C., & Barlow, F. K. 2015 A critical test of the assumption that men prefer conformist women and women prefer nonconformist men. Personality and Social Psychology Bulletin ,41, 755-768.
42. Hughes, S. M., Harrison, M. A., & Gallup, G. G. Jr. 2007 Sex differences in romantic kissing among college students: An evolutionary perspective. Evolutionary Psychology ,5, 612-631.
43. Huguet, P., Croizet, J. C., & Richetin, J. 2004 Is "What has been cared for" necessarily good? Further evidence for the negative impact of cosmetics use on impression formation. Journal of Applied Social Psychology ,34, 1752-1771.
44. Jensen-Campbell, L. A., Graziano, W. G., & West, S. G. 1995 Dominance, prosocial orientation, and female preferences: Do nice guys really finish last? Journal of Personality and Social Psychology ,68, 427-440.
45. Johnco, C., Wheeler, L., & Taylor, A. 2010 They do get prettier at closing time: A repeated measures of the closing-time effect and alcohol. Social Influence ,5, 261-271.
46. Jonason, P. K., Garcia, J. R., Webster, G. D., Li, N. P., & Fisher, H. E. 2015 Relationship dealbreakers: Traits people avoid in potential mates. Personality and Social Psychology Bulletin ,41, 1697-1711.
47. Jonason, P. K. & Li, N. P. 2013 Playing hard-to-get: Manipulating one's perceived availability as a mate. European Journal of Personality, 27, 458-469.
48. Jonason, P. K., Raulston, T., & Rotolo, A. 2012 More than just a pretty face and a hot body: Multiple cues in mate-choice. Journal of Social Psychology ,152, 174-184.
49. Jones, B. C., DeBruine, L. M., Little, A. C., Burriss, R. P., & Feinberg, D. R. 2007 Social transmission of face preferences among humans. Proceedings of the Royal Society B: Biological Sciences ,274, 899-903.
50. Jones, J. T., Pelham, B. W., Carvallo, M., & Mirenberg, M. C. 2004 How do I love thee? Let me count the Js: Implicit egotism and interpersonal attraction. Journal of Personality and Social Psychology ,87, 665-683.
51. Judge, T. A. & Cable, D. M. 2004 The effect of physical height on workplace success and income: Preliminary test of a theoretical model. Journal of Applied Psychology ,89, 428-441.

27. Farrelly, D., Clemson, P., & Guthrie, M. 2016 Are women's mate preferences for altruism also influenced by physical attractiveness? Evolutionary Psychology ,14,1-6.
28. Fialová, J., Roberts, S. C., & Havlíček, J. 2016 Consumption of garlic positively affects hedonic perception of axillary body odour. Appetite ,97, 8-15.
29. Fletcher, G. J. O., Simpson, J. A., Thomas, G., & Giles, L. 1999 Ideals in intimate relationships. Journal of Personality and Social Psychology ,76, 72-89.
30. Fraccaro, P. J., Jones, B. C., Vukovic, J., Smith, F. G., Watkins, C. D., Feinberg, D. R., Little, A. C., & DeBruine, L. M. 2011 Experimental evidence that women speak in a higher voice pitch to men they find attractive. Journal of Evolutionary Psychology ,9, 57-67.
31. Frederick, D. A. & Haselton, M. G. 2007 Why is muscularity sexy? Tests of the fitness indicator hypothesis. Personality and Social Psychology Bulletin ,33, 1167-1183.
32. Furnham, A., Chan, P. S., & Wilson, E. 2013 What to wear? The influence of attire on the perceived professionalism of dentists and lawyers. Journal of Applied Social Psychology ,43, 1838-1850.
33. Glied, S. & Neidell, M. 2008 The economic value of teeth. NBER Working Paper No.13879.
34. Greitemeyer, T. & Kunz, I. 2013 Name-valence and physical attractiveness in Facebook: Their compensatory effects on friendship acceptance. Journal of Social Psychology ,153, 257-260.
35. Griffitt, W. & Veitch, R. 1971 Hot and crowded: Influences of population density and temperature of interpersonal affective behavior. Journal of Personality and Social Psychology ,17, 92-98.
36. Guéguen, N. 2009 Man's uniform and receptivity of women to courtship request: Three field experiments with firefighter's uniform. European Journal of Social Sciences ,12, 235-240.
37. Guéguen, N., Meineri, S., & Fischer-Lokou, J. 2014 Men's music ability and attractiveness to women in a real-life courtship context. Psychology of Music ,42, 545-549.
38. Hanko, K., Master,S., & Sabini, J. 2004 Some evidence about character and mate selection. Personality and Social Psychology Bulletin, 30, 732-742.
39. Harmon-Jones, E. & Allen, J. J. B. 2001 The role of affect in the mere exposure effect: Evidence from psychophysiological and individual differences approaches. Personality and Social Psychology Bulletin ,27, 889-898.

13. Carter, G. L., Campbell, A. C., & Muncer, S. 2014 The dark triad personality: Attractiveness to women. Personality and Individual Differences ,56, 57-61.
14. Cash, T. F. 1990 Losing hair, losing points?: The effects of male pattern baldness on social impression formation. Journal of Applied Social Psychology ,20, 154-167.
15. Cash, T. F., Dawson, K., Davis, P., Bowen, M., & Galumbeck, C. 1989 Effects of cosmetics use on the physical attractiveness and body image of American college women. Journal of Social Psychology ,129, 349-355.
16. Claypool, H. M., Hugenberg, K., Housley, M. K., & Mackie, D. M. 2007 Familiar eyes are smiling: On the role of familiarity in the perception of facial affect. European Journal of Social Psychology ,37, 856-866.
17. Cohen, B., Waugh, G., & Place, K. 1989 At the movies: An unobstrusive study of arousal-attraction ,129, 691-693.
18. Cox, A. & Fisher, M. 2009 The Texas billionaire's pregnant bride: An evolutionary interpretation of romance fiction titles. Journal of Social, Evolutionary, and Cultural Psychology ,3, 386-401.
19. Collins, S. A. 2000 Men's voices and women's choices. Animal Behaviour, 60, 773-780.
20. Collins, S. A. & Missing, C. 2003 Vocal and visual attractiveness are related in women. Animal Behaviour ,65, 997-1004.
21. Connelly, B. L., Certo, S. T., Ireland, R. D., & Reutzel, C. R. 2011 Signaling theory: A review and assessment. Journal of Management ,37, 39-67.
22. Dixson, B. J. W. & Rantala, M. J. 2016 The role of facial and body hair distribution in women's judgments of men's sexual attractiveness. Archives of Sexual Behavior ,45, 877-889.
23. Donahue, J. K. & Green, M. C. 2016 A good story: Men's storytelling ability affects their attractiveness and perceived status. Personal Relationships, 23, 199-213.
24. Dunn, M. J. & Hill, A. 2014 Manipulated luxury-apartment ownership enhances opposite-sex attraction in females but not males. Journal of Evolutionary Psychology, 12, 1-17.
25. Dunn, M. J. & Searle, R. 2010 Effects of manipulated prestige-car ownership on both sex attractiveness ratings. British Journal of Psychology ,101,69-80.
26. Elliot, A. J. Kayser, D. N., Greitemeyer, T., Lichtenfeld, S., Gramzow, R. H., Maier, M. A., & Liu, H. 2010 Red, rank, and romance in women viewing men. Journal of Experimental Psychology: General ,139, 399-417.

参考文献

1. Agthe, M., Spörrle, M., & Maner, J. K. 2011 Does being attractive always help? Positive and negative effects of attractiveness on social decision making. Personality and Social Psychology Bulletin ,37, 1042-1054.
2. Ahmetoglu, G. & Swami, V. 2012 Do women prefer "Nice Guys"? The effect of male dominance behavior on women's ratings of sexual attractiveness. Social Behavior and Personality ,40, 667-672.
3. Aron, A., Melinat, E., Aron, E.N., Vallone, R. D., & Bator, R. J. 1997 The experimental generation of interpersonal closeness: A procedure and some preliminary findings. Personality and Social Psychology Bulletin ,23, 363-377.
4. Bégue, L., Bushman, B. J., Zerhouni, O., Subra, B., & Ourabah, M. 2013 Beauty is in the eye of the beer holder: People who think they are drunk also think they are attractive. British Journal of Psychology ,104, 225-234.
5. Bereczkei, T., Gyuris, P., & Weisfeld, G. E. 2004 Sexual imprinting in human mate choice. Proceedings of the Royal Society of London B, 271, 1129-1134.
6. Berggren, N., Jordahl, H., & Poutvaara, P. 2010 The looks of a winner: Beauty and electoral success. Journal of Public Economics ,94, 8-15.
7. Birnbaum, G. E., Ein-Dor, T., Reis, H. T., & Segal, N. 2014 Why do men prefer nice women? Gender typicality mediates the effect of responsiveness on perceived attractiveness in initial acquaintanceships. Personality and Social Psychology Bulletin , 40, 1341-1353.
8. Brand, R. J., Bonatsos, A., D'Orazio, R., & DeShong, H. 2012 What is beautiful is good, even online: Correlations between photo attractiveness and text attractiveness in men's online dating profiles. Computers in Human Behavior ,28, 166-170.
9. Bressler, E. R. & Balshine, S. 2006 The influence of humor on desirability. Evolution and Human Behavior ,27, 29-39.
10. Broadstock, M., Borland, R., & Gason, R. 1992 Effects of suntan on judgments of healthiness and attractiveness by adolescents. Journal of Applied Social Psychology ,22, 157-172.
11. Brooks, A. W., Dai, H., & Schweitzer, M. E. 2013 I'm sorry about the rain! Superfluous apologies demonstrate empathic concern and increase trust. Social Psychological and Personality Science ,5, 467-474.
12. Burriss, R. P., Rowland, H. M., & Little, A. C. 2009 Facial scarring enhances men's attractiveness for short-term relationships. Personality and Individual Differences ,46, 213-217.

著者紹介

内藤誼人　心理学者。立正大学客員教授。有限会社アンギルド代表取締役。慶應義塾大学社会学研究科博士課程修了。社会心理学の知見をベースに、ビジネスを中心とした実践的な分野への応用に力を注いでいる。『面倒くさがりの自分がおもしろいほどやる気になる本』(明日香出版社)、『世界最先端の研究が教える新事実 心理学BEST100』(総合法令出版)、『ビジネス心理学の成功法則100を1冊にまとめてみました』(小社刊)など著書多数。

100の世界最新研究《せかいさいしんけんきゅう》でわかった
人《ひと》に好《す》かれる最強《さいきょう》の心理学《しんりがく》

2023年3月25日　第1刷

著　者　内《ない》藤《とう》誼《よし》人《ひと》

発行者　小澤源太郎

責任編集　株式会社 プライム涌光
電話　編集部　03(3203)2850

発行所　株式会社 青春出版社
東京都新宿区若松町12番1号 〒162-0056
振替番号　00190-7-98602
電話　営業部　03(3207)1916

印刷　三松堂　　製本　大口製本

万一、落丁、乱丁がありました節は、お取りかえします。
ISBN978-4-413-23296-8 C0030
© Yoshihito Naito 2023 Printed in Japan

本書の内容の一部あるいは全部を無断で複写(コピー)することは著作権法上認められている場合を除き、禁じられています。

青春出版社の好評既刊

ビジネス心理学の成功法則100を1冊にまとめてみました

心理学者
内藤誼人

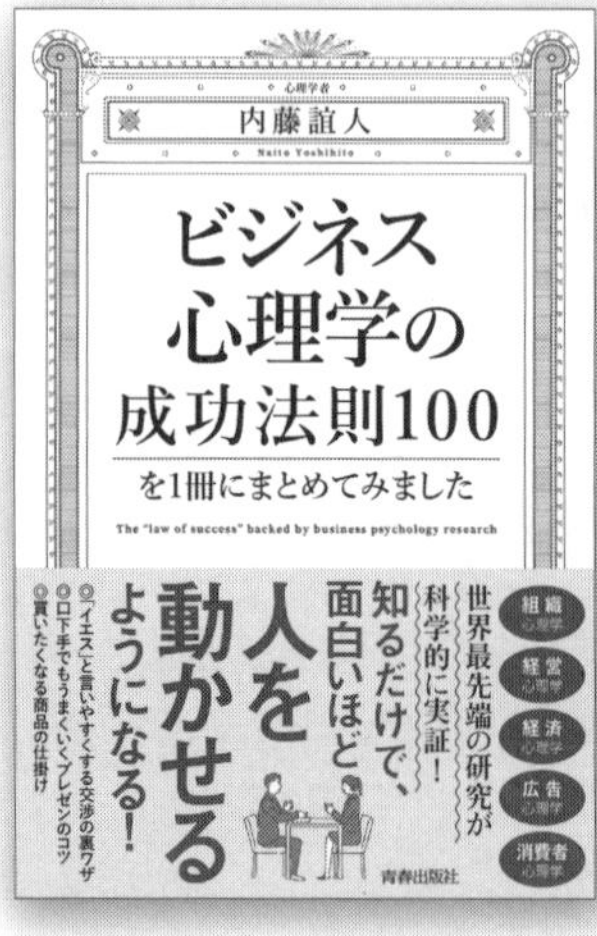

組織心理学

経営心理学

経済心理学

広告心理学

消費者心理学

世界最先端の
研究が科学的に実証

**知るだけで面白いほど
人を動かせるようになる！**

ISBN 978-4-413-23242-5　1500円

お願い　ページわりの関係からここでは一部の既刊本しか掲載してありません。折り込みの出版案内もご参考にご覧ください。

※上記は本体価格です。（消費税が別途加算されます）
※書名コード（ISBN）は、書店へのご注文にご利用ください。書店にない場合、電話またはFax（書名・冊数・氏名・住所・電話番号を明記）でもご注文いただけます（代金引換宅急便）。商品到着時に定価＋手数料をお支払いください。〔直販係　電話03-3207-1916　Fax03-3205-6339〕
※青春出版社のホームページでも、オンラインで書籍をお買い求めいただけます。ぜひご利用ください。〔http://www.seishun.co.jp/〕